無事忙中老
空裏有哭笑
本來沒有我
生死皆可拋

聖嚴禪師末後說偈
己丑六月初五象岡
太平繼程敬題

幸福告別

聖嚴法師談生死關懷

聖嚴法師——著　法鼓文化編輯部——選編

編者序

凡走過必留下足跡，有的人在告別後留下精彩風景，有的人則是成為精神典範。聖嚴法師的身影不只讓人懷念，〈末後偈〉也啟發許多人重新思考生死：

無事忙中老，空裡有哭笑，
本來沒有我，生死皆可拋。

面對世事無常，不該消極等待終老，而要積極發揮生命的意義與價值，把握時光，珍惜人生，體驗日日是好日。聖嚴法師的一生，即是最佳的現身說法，讓我們看見生命有限，但願力無限。

因此，法鼓文化編輯部特別選編聖嚴法師著作中關於生死的開示，希望能夠藉由佛法引領讀者坦然面對生死，活出自在人生。

全書分為四大篇：超越生死得自在、佛法的臨終關懷、生死大事即佛事、認識佛教生死觀。清楚人生的目的、意義、價值後，將能從聚散無常中成長；佛法的臨終關懷，讓我們能以佛法照顧臨終者；莊嚴的佛事能圓滿人生的最後一件大事，生死兩相安；佛教生死觀能幫助我們建立正確的人生態度，對於死亡提早規畫與準備，心安平安。

生命的價值不在於長短，而在於是否精彩，是否盡心盡力、了無遺憾。如何做好準備，才能幸福告別人生呢？若能學習聖嚴法師發願：「虛空有盡，我願無窮。我今生做不完的事，願在未來無量生中繼續推動，我個人無法完成的事，勸請大家來共同推動。」一期生命的結束，也是另一個旅程的開始，死亡將不再是生命的終點，而是實踐願心的起點！

法鼓文化編輯部

目錄

第二篇……

佛法的臨終關懷

第三篇……

生死大事即佛事

第四篇……

認識佛教生死觀

第一篇

超越生死得自在

人生的目的、意義、價值

在汲汲營營、忙忙碌碌的生活中，你可曾想過人生在世的意義和價值究竟是什麼？是來吃飯的？穿衣服的？還是來賺錢、求名、與人爭鬥的？

很多人就是在貪生怕死、貪名求利、你爭我奪中，一天一天過下去。看到大家要的我也要，大家不要的我也不要。以為很多人都要的，那就一定是好的，所以搶著要，但是從來不去思考，自己是不是真的需要。反正大家都要的我就要，大家都不要的就立刻把它丟掉，因為既然大家都不要，我還要它做什麼？

就像螞蟻一樣，通常只要一隻螞蟻嗅到了有味道的東西，其他的螞蟻統統都會圍過去。可是這不是人的行徑。人應該有「我要的不一定是人家要的，人家要的不一定是我要的」的觀念，這才是真正獨立的人格。可是，一般人多半喜歡跟著別人起鬨，這是很悲哀的一種現象。

一個人如果活著而沒有目的，一定會非常空虛，覺得生命沒有價值，像行屍走肉一般，那又何必活受罪？不僅生存本身變成多餘的，而且也白白浪費世界許多的資源。

但是生命一定有它的原因，也一定代表某些意義。它的目的是什麼？最後會到哪兒去？又會成為什麼呢？

以佛教的觀點來看，人生的目的，凡夫是來受報還債，佛菩薩則是來還願；如果知道人身難得，能夠知善知惡、為善去惡，人生就有了意義；如果又能進一步積極奉獻、自利利人，這就是人生的價值。

所謂「受報」是：我們必須要為我們所造的、所做的、所想的、所說的行為負責任。我們的生命，無非是自作自受；過去世造的因，以及這一生的善行、惡行，結合成現在這樣一個人生，便是生命之所以存在原因。

但是僅以一生短暫的時間來看，很多現象看似不公平，也沒有辦法解釋。譬如有的人在這一生非常努力，但就是不成功；有的人並沒有這麼努力，卻一帆風順，左右逢源。表面上看起來很不公平，其實這要追溯到過去世，以及一世一世、無量的過去世之中，我們曾經所造的種種行為，尚未受報的就可能在這一生中受報，也可能在未來生才受報。而我們所做的種種行為，有好的，也有壞的，造好的業受福報，造惡的業就要受苦報。

至於人生的價值是什麼？很多人認為人生的價值就是有錢、有地位、有名望、讓人家看得起。譬如，在外面做了官，衣錦還鄉，讓家鄉的親人、鄰居、朋友都風光一下，不但表現了你的個人價值，地方上也因你而有了光彩。但這是不是真正的價值呢？

真正的價值應該不在於顯耀家族的虛榮，而是在於你所做的實質貢獻。如果你是投機取巧、巧取豪奪而得到的名利權勢，即使一時間很風光，也沒有真正的價值可言。因為這個價值是負面的，造的是惡業，將來是要受報償還的。

因此我們可以說：有多少奉獻就有多少價值。比方說，我這個人有什麼價值？我在這一段時間裡為大家說佛法，這就是我的價值。如果這一段時間中，我在睡覺、吃飯和人家吵架，那就沒有價值了。人生的價值必須建立在對人有益，而且對自己的成長也有幫助上。

雖然我們凡夫是來受報還債的，但是也不妨學習佛菩薩的精神，為自己的人生發一個願。這個願可大可小，可以小到只是許願：「我這一生之中要做個好人。」許願自己在這一生中，不做壞事、不偷懶、不投機取巧，盡心、盡力盡自己的責任。即使這一生做不好也沒有關係，因為還有來生可以努力。這樣的人生，就是有價值、有意義，而且充滿希望的。

（選自《找回自己》）

生命，不只屬於我們自己

提到生命，人的生命究竟屬於誰？有的人認為，從出生到死亡這個過程中的生命，完完全全屬於自己，因此由自己支配，乃是天經地義的事。其實這種想法是相當片面的，甚至可說是一種自私且不負責任的態度。

大家不妨想想，我們每個人的生命，難道從一出生開始，就能夠獨立成長、茁壯嗎？絕非如此。人自出生以後，除非是夭折的孩子，否則都會歷經一段受保護的襁褓期，在父母與家人的照顧之中，逐漸成長，而在現代繁忙的工商業社會裡，小孩子通常是在保母或者育幼機構的照護下長大。這說明了我們每一個人的生命，並非自己可以主宰，而必須倚賴著各種各樣的「外緣」，才能維繫我們的生存與成長，乃至成家立業，對社會有所貢獻。

活著，就有機會改善

因此，人的生命，並不是想活就能夠活，活著的時候，必須要有各種條件的配合；當然，也不容許想死便死，生命並非片面屬於我們自己，每個人都沒有自殺的權利。事實上，我們每一個人的生命，都與父母家人相繫，與同儕友人相親，也與社會國家和天地自然之間，有著密不可分的關係。沒有一個人是孤單的，也沒有一個生命是無依無援的。我們的生命，是與我們的「關係人」共同相繫，因此對於「關係人」：家人、朋友、師長、社會，乃至整個宇宙，我們是有責任、有義務，而要回報奉獻的。這份責任，不一定是對社會有所貢獻，但是最基本的，每一個人要善用自己的生命，珍惜生命，克盡自己的責任與義務，這才是真正發揮了生命的價值。

然而，不可否認，人活著的時候，常常會遇到各種各樣的打擊和挫折，而要從種種逆境與不如意之中堅強走過來，確實辛苦。但是，也只有活著的時候，我們才能夠有改變和改善生活的機會。很可惜的是，有一些人，當他們面對生命的低潮時選擇逃避，而以自殺來結束自己的生命，希望從此以往，人世間的糾葛與煩惱，都隨著死亡一了百了。甚至有的人會寫遺書，為自己的行為向父母道歉，為自己輕生造成家人的哀痛表達歉意。其實這種道歉是沒有用的，無濟於事，尤其是自殺的這種罪惡，是怎麼也彌補不了的。

因此，我要再度呼籲：生命的權利，並不僅是屬於我們個人，而是與所有的「關係人」密切相繫；生命的存在，絕對不是孤立無援。我們的

「關係人」，在我們有困難的時候，都會願意伸出援手，有的可能是提供金錢或物質上的支持，有的則是給予情感上的關心、祝福和鼓勵，這些同樣珍貴。人的一生最豐富的資產，往往就是與人的互動，跟人的交往。我們自己與他人，常常在不同時候、不同的生命階段裡，相互扮演著「施」與「受」的角色：彼一時，受人恩惠；此一時，可能成為他人生命中的貴人。

生命是為受報與還願而來

生命無價，自殺絕不可能一了百了。從佛教的觀點來看，人的自殺，不論是選擇何種方式結束生命，都是非常痛苦的事。凡是自殺的人，死亡以後，自殺的情境會在轉世之前，不斷地跟著他，重複上演，直到業力解脫為止。

人死之後，決定我們下一生去處的關鍵，是我們的心識，也就是神識。通常，人死之後，心識會有幾種不同的去處：一種是大善或者大惡之人，死後立即往生佛國淨土、天堂人間，或者直接投生地獄、畜生道；另一種是普通人，死亡之後，便會進入中陰身階段，又稱中蘊身。在這個中陰身的過程裡，如果是自殺的亡者，就會反覆不斷經歷自己前一世自殺的過程，比如跳水、上吊、自焚等痛苦的畫面，會不斷地重演，直到業力消除，這種焦慮之苦才會跟著解除。

我經常講，我們每個人來到這個世界上，都具有兩項任務：一種是受報，另一種是還願。如果今生該受的業報尚未清償而自殺，那就像是欠了一身的債款不還，而逃避躲了起來。但是躲起來以後，債務不僅不會消失，反而可能變本加厲地向你要回來，業力是不會憑空消失的。

關懷生命，尊重生命，除非死亡的一日自然而然到來，否則絕不可放棄生存的權利。有的人認為自己活在世上只是賴活，只是多吃一口飯，多吸一口空氣，活著沒有意義。其實，活著就是意義，哪怕是得重症的病人，或者已奄奄一息的將死之人，仍可發揮生命的價值。比如有佛教信仰的人，雖然已經躺在病床上，尚可以念佛號、念觀世音菩薩，一者助己安心，一來為人祝福；或者是體力虛弱，出不了聲的人，也可以在心裡默念觀世音菩薩的聖號；即使什麼也不做，就是心裡默默為身旁的人祈禱，為社會祝福，這也是在做好事、在發揮生命的價值了。

（摘自《我願無窮——美好的晚年開示集》）

生命這堂課

每個人都要上的一堂課

面對親人往生，不要說是在家人，就是像我這樣的出家人，也會傷心。感傷是很正常的，但最好能將這股傷痛，轉化成一股更大的力量來奉獻。

生死這堂課，是每個人都要上的。有人用自己的生命上課，有人從親人身上學習，這些都是深刻的經驗。當然也有人從書本找教材，但是體會不容易深刻。從我有記憶開始，我很小就有死亡的經驗，一次是從樹上摔下，一次是跌落河裡，立刻就沒氣息了；還有我的一生，經歷過幾次大災難，曾眼見屍橫遍野，那時就想到，死亡總有一天臨到我吧！死亡是人生的必然，我們可以做的，就是隨時準備死亡的到來。

面對死亡的兩種層次

死亡在宗教上有兩種層次，一種是把死後的生命，寄望於未來的天國或佛國淨土，也就是與自己的信仰相應，至於什麼時候走，則不必在意。這是每個宗教都有的層次。

另一種層次，則如《金剛經》所說：「過去心不可得，現在心不可得，未來心不可得。」過去的已經過去，未來的還沒有發生，就是現在也是短暫、虛幻的。

但是這麼說並不是消極的，因為《金剛經》又說：「應無所住，而生其心。」所謂「應無所住」，就是不在乎過去、不在乎現在，也不在乎未來。至於「而生其心」的「心」是什麼？指的是對人的慈悲心、對己的智慧心。只要還有一個眾生仍在苦難之中，就代表自己的責任未了；只要自己還有煩惱未斷，那就是自己的責任未了。

斷除自己的煩惱是智慧，幫助他人解脫苦難是慈悲，至於未來會是如何，則不去在意。這是相當高的層次，需要在平時就有修行的基礎，練習著將自己的罣礙、恐怖放下，如《心經》所說：「心無罣礙，無罣礙故，無有恐怖。」

有罣礙就不是慈悲心，而是同情心。慈悲心是沒有罣礙的，因為智慧就在其中。面對死亡，心中沒有罣礙，那麼無論去到哪裡，處處都是天堂、淨土。

佛國淨土就像一層保護幔，佛菩薩的願力會庇護每一個眾生，直到眾生修證解脫為止；如果尚未解脫，但是到了佛國淨土，也不會有人間的種種罣礙。

一般人面對死亡，要能做到無有恐怖、沒有罣礙、沒有顛倒，大概很難，平時還是需要有一些修行的工夫。

（摘自《生命與信仰的探究——聖嚴法師與龍應台的對話》）

自由自在的人際關係

現代社會的人際網絡愈來愈複雜，關係也愈來愈疏離淡薄，於是很多人都想遠離塵囂過隱居生活。但在這個世界上，想要單獨生存並不太可能，因為我們一出生至少就與父母、家庭和家族產生了關係，長大以後在社會上求生存，同樣也離不開人群。而人與人之間，彼此互相需要，也互相提供服務。所以，在我們從出生到死亡的過程之中，總是和別人在一起，無法完全脫離社會關係而離群索居。

人與人之間的關係，叫作「人間」，釋迦牟尼佛就是體會了人間的各種痛苦、煩惱，才悟道成佛。事實上，佛法所說的「八苦」中的「怨憎會」與「愛別離」，就是兩種來自人際關係的痛苦，這也是每個人都無法避免的。

「怨憎會」，是指互相憎恨的人老是冤家路窄，常常見面。例如搬了新家之後，卻發現隔壁鄰居正好就是你昔日的怨家；或是出差開會的時候，心中才在想著，在這裡應該不會遇到多年不見的怨家，沒想到在會場裡，第一個接待你的人就是他。

這是很奇妙的事，通常我們總是希望避免遇到討厭的人，可是在現實生活中卻不是如此。其實，人與人之間就因為有緣，才會變成怨家。在還沒有把彼此的恩怨化解以前，就會常常遇在一起，彼此互相折磨。因此，在面對怨憎會之苦時，我們應該要主動向對方道歉、認錯，並且好好地與他溝通。唯有面對誤會，才能真的化解。

至於「愛別離」，就是指彼此相親相愛的人，卻相隔千里而不能相聚，甚至天人永隔。每個人都有親人以及所愛的人，當情感互相依恃的雙方分離時，都會讓人感到相當不習慣和痛苦。特別是當其中一人先過世時，另一個人就像是失去伴侶的孤雁一樣，那種情況是非常淒慘、悲哀、痛苦的。

然而，這種淒慘悲哀究竟是誰造成的呢？曾經有一位太太因為先生過世而痛哭流涕，我問她：「妳哭得這樣傷心，究竟是為了誰呢？」她回答：「當然是為了我先生！他拋下我就走了，剩下我一個人孤伶伶地在世界上，實在太殘忍了。」自己的先生都已經死了，還說他殘忍，可見她並不是真的為了往生者而哭，而是為了自己失去丈夫而傷心，這就是以自我為出發點而產生的痛苦和哀傷。

所以，當我們面對親人的死亡，首先要問一問自己，感到悲傷的原因，究竟是不是自私心在作祟？如果真的是為對方設想，就該明白人死不能復生，哭泣不但幫不上忙，倘若亡者有靈，反而徒惹對方傷心。我們真正應該做的是，多為他念佛迴向，並且誠心祈願他能夠往生西方。

另外，如果親人是為了讀書、求職或發展前途而遠離家門，那就更不應該感到悲傷，而是應該採取鼓勵的態度來支持他。

無論是「怨憎會」或「愛別離」，都不要因為自私的想法而讓自己受更多的苦。唯有承受得住與親愛的人分離、勇於面對做人的難處，放下層層的自我執著，才能使我們在人生及修行的道路上走得更灑脫自在。

（**選自《真正的快樂》**）

花開花謝，不執著

世間的萬事萬物，不論是山川大地、環境中的任何事物與現象、我們的身體、思想、心理反應等，都是在不斷地變動之中，沒有一樣是永恆不變的，甚至包括所謂的原則、真理，也會隨著時空的不同，而階段性地有差異。到了該改變的那一刻，應該要放下的就要放下，不需執著。

但是要做到不執著談何容易，該如何祛除執著呢？不妨試著從理性的分析，和對自己身心的體驗，來練習祛除執著。

所謂理性的分析，就是用「因緣」的觀念，來理解事物的真相。因緣是指一切的現象，不論生理的、心理的或自然社會的現象，都是時間和空間之下所產生的種種關係，是由許許多多因緣條件和合而生的，無法單獨發生，也不會突然出現，更不會永遠不變地存在；只要其中一項因緣條件改變，牽一髮而動全身，原本你以為絕對不會變的事物，就會有了變化。

另外一種則是用體驗的方式。我們體驗自己生命的過程，會發現人的生命從小一直到老，到死為止，都在不停地變化，自己的身體、生理在變，觀念也在變。

例如一個人，本來是小男孩、小女孩，然後是少男少女，然後變成中年男子婦女，最後變成老先生、老婦人，不斷、不斷地在變，如果要執著，究竟要執著哪一個呢？究竟是十六歲的是我呢？還是八十歲的才是我？其實都不是，因為十六歲的時候已經過去，八十歲的現在也會過去，所以根本不需要執著。

從身體的變化可以更進一步來體驗心理和觀念的改變。從小開始，我們就不斷在受教育，也不斷受到環境、父母、老師以及時代變遷的影響，幾乎沒有一個觀念是屬於自己的，都是外來訊息的累積，然後才成為自己的想法。

而這些想法也是會變的，例如當你和別人談話，對方提出一個你前所未聞的新觀念，你聽了以後，腦中的想法可能因此轉變，不要說昨天的看法和今天的看法不同，可能這一刻的你和前一刻的你就不一樣了。

不論從理論上來分析，還是從對自己的體驗，都可以證明，沒有一個永恆不變的我，甚至沒有一個「我」存在，那又有什麼好執著的呢？

不過雖然因緣在變化，但是當下還是有暫時的現象存在。就像一朵花，你今天看它可能好漂亮、好可愛，可是過了幾天，它就會凋謝，不漂亮、不可愛了，可能要換另外一朵花。既然知道事實如此，就不需要對這朵花太執著。因為花開、花謝，是自然現象，不需要太多的執著。

（選自《找回自己》）

有聚有散才能成長

俗話說：「天若有情天亦老。」可見愛情、友情、親情雖然能帶給我們很多的溫暖，卻也充滿痛苦的摧折，尤其是生離死別時，更是讓人痛苦。因此有人以為，只要將情感斬斷，就再也不會痛苦了！然而如同佛所說，眾生都是「有情」，就是因為眾生有愛的緣故。

眾生最愛的是自己的生命，其次則是和自己生命相關的人、事、物。

親情由第一代傳到第二代，象徵了生命的延續。愛情也是一樣，因為有了男女的結合，才有後代的出現，因此這個結合也和自己生命的延續有關。至於友情，雖然和生命的延續並沒有那麼直接的關係，但是人活在世界上，一定需要養分，除了飲食的養分之外，還必須從精神上獲得滋養，而友情就是最好的精神滋養，所以友情和生命還是有關係的。

既然情愛和生命息息相關，無論是否定它，或者是硬生生地把它切斷，都不合乎世間的法則，也不合乎人情的道理。從佛法的立場來看，無論是親情、愛情或友情，都是因緣所生，有因有緣才使得大家生活、聚集在一起，也才能夠彼此互相合作。但是我們要明白，因緣聚散是天經地義的，就如我們常常聽人說「天有不測風雲，人有旦夕禍福」，或是「月有陰晴圓缺，人有悲歡離合」，可見生、死、聚、散都是正常的事。

既然聚散是必然的事實，那就沒有什麼好痛苦的了。佛法常常教人要用平常心來看待所有一切發生的事，這樣在相聚時，就不會太過興奮，而分離時，也不會那麼憂苦。而且，人生在世，就是要有聚有散才能成長、有生有滅才能進步，如果沒有生滅變幻，我們就會老是停留在同一個現象之中，不但覺得很無聊，也不能夠成長。例如，今天和這兩個人在一起，明天又和另外兩個人在一起，這樣就能把原本的人際網絡擴大了，人際網絡一旦擴大，生命的層面就會擴大，而層次也將提高。

所以，聚散的過程其實是讓我們成長的一種力量，因為層次和層面的提高、擴大，使我們的生命過程更充實、更飽滿，也更加多彩多姿，這不是一件很好的事嗎？

更何況，離別既然也在生滅變異之中，所以它也是一種暫時的現象，一時的分離並不表示永遠都不能再見面了。而且今天這個時代，我們可以隨時隨地透過網路聯絡，即使相隔遙遠，也能立刻與對方面對面談話。而人是高等動物，本來就著重精神的交流，就算身體沒有在一起，仍然可以隨時隨地互通有無、互通訊息，離別也就不再顯得那麼痛苦了。

其實，離別之所以讓人感到痛苦，問題的關鍵仍在於大家難免都希望自己喜歡、執著的，能永遠留在自己身旁，這才是使情愛變得痛苦的真正原因。所以，只要轉變自己的心境和看法，以平常心來看待離別，並且掌握聚散離合所帶來的成長契機，就不會再為離別而擔心苦惱了。

（選自《真正的快樂》）

如何面對意外的生離死別

每當發生天災人禍，造成意外傷亡，當然是令人悲慟的事；但活著的人，除了哭訴及怨天尤人之外，應該還有很多事等著完成。

面對生離死別，人們之所以如此哀傷，主要是不了解人是為何而生的。依佛法的認知，人來到這個世間，有兩個任務：一是還債受報，償還過去多生之中恩怨情仇的債務，接受福報與苦報；二是還願發願，人們在過去無數世中曾經許過的心願，必須逐一完成，在受報還願的同時，也可繼續發願。當在這一生中的債務及願心告一段落時，便算任務結束，就可以安心地離開世間了。

不同的人會在不同的階段完成這一生的任務，有的人年紀輕輕就走了，有的人則到八、九十歲，甚至活到更高壽。最難釋懷的是因意外事故往生者，在外人眼裡看來相當悽慘，在《藥師經》中稱之為九種「橫死」之一，但是對當事者自己來說，或許要比久病死亡者，少受了點病苦的過程，也未嘗不是好事。當然，這些人走得突然，許多事情尚未來得及交代；但縱使留有遺憾，他們在這一生中的任務畢竟已經結束。

曾有些在空難中往生者的家屬表示，亡靈曾托夢給親友，說他們泡在水裡很冷。這種情形是因為亡者過於執著那具遺體，誤以為浸在水裡的遺體還是自己，遺體是冰冷的，便以為自己很冷。其實死亡之後的遺體，已沒有神經的感覺，是不會感到冷熱的。死後仍覺得冰冷的情形，常發生在投水自殺者及空難落海的意外死亡者身上，他們不知道自己已死，又過於執著自己那具浸在水中的遺體。這時家屬必須引導亡者，告訴亡者：既然已經死亡，就不要在乎遺體的冷熱了。

對亡者的親友來說，悲傷固然難免，但更應該做的是幫忙亡者誦經、念佛、做善事，以一聲聲的佛號，祈求、幫助亡者往生佛國，也可以讓家屬的心靈獲得平靜。既然意外已經發生，無法挽回，家屬一定要化悲傷的心情為慈悲的力量，慰問、勉勵這些亡者，幫助他們往生佛國淨土，這樣才是對他們最大的幫助。

平常日子裡，一般人總認為這種不幸的事情，大概不會發生在自己或是親人身上，這種想法並不正確。其實，大家最好在心理上都要做最壞的準備，每次出門之後，能不能平安回家，會不會造成生離死別，都是未知數；每天晚上就寢之後，會不會一睡就不再起身，也沒有絕對的把握。因此，人們最好有宗教信仰，才知道如何隨時做好面對死亡的準備，遇到意外時，才不致太過恐慌而不知所措。當然，生命是相當珍貴的，除了做最壞的準備之外，也要有活過百年的打算，才不至於辜負這一期的生命。

（選自《人間世》）

忙得快樂，累得歡喜

各行各業，凡是想成功的人，生活都十分忙碌，往往弄得吃也不得安寧，睡也不得安寧。為了名利，一天到晚輾轉在世俗塵勞中。到底我們每天這樣忙碌奔波，為的是什麼？在有限的生命中，我們真正應該追求的又是什麼呢？

而且一般人的觀念都認為：「為誰辛苦為誰忙？」忙忙碌碌一輩子，

結果是前人種樹，後人乘涼。人家栽了樹給我們乘涼，覺得很好；我們栽了樹讓人家乘涼，就覺得不划算、不甘願。努力的成果讓別人享受，好像我們就是白費工夫、白忙一場？相反地，對於享受別人努力的成果，卻認為「不乘涼白不乘涼，不吃白不吃」，彷彿這些都是應該得的一樣。

其實，當前世界環境和人類社會所有的一切，都是經過累世祖先努力，所積累下來的。我們繼承了列祖列宗——不僅僅是中國人，還包括全世界所有人類，世世代代的文化與智慧，才能有現在這樣的文明。

我們享受的同時，可曾思考：我們承繼了多少前人的恩澤？得到了多少別人的利益？如果不努力，是不是對不起過去的祖先，以及後世的子孫？

從佛法的立場來看，人生忙碌的目的應該是為了成就功德。所謂「功德」，講得通俗一些，就是我們在生命過程中的成績，那麼，是什麼樣的成績呢？

人一生的生命不過數十年，非常短暫，活動的範圍、能夠接觸到的人和事也是很有限的。但是，如果我們每個人都能努力為社會整體貢獻，就會創造出全人類共同的生命價值，連帶也會創造出我們所處的時代的歷史價值。這就是功德，就是生命的成績。

佛教也認為，我們的生命是無限的。在時間上，有過去無量的生生世世，以及未來無量的生生世世；我們會一生一生地輪迴下去，直到最究竟成佛為止，也就是最終的圓滿。在空間上，我們所處的地球，娑婆世界、三千大千世界之外，還有無量十方世界。

因此，我們除了要對現在這一生負責任之外，對於過去無量生所造的種種業力，以及未來世的因緣果報，也要盡責任。而且不僅要對個人盡責，也要對地球上所有的人類和生命體盡責；甚至對地球以外，無量世界中的一切眾生，盡起責任來。

所以，我們必須要努力。除了為自己的前程努力，也為了如恆河沙數那麼多的十方世界一切眾生努力。不僅僅要在我們的世界建設人間淨土，也希望把淨土建立到十方世界去，這樣，我們永遠地忙，永遠地累，都是值得的。

就像佛菩薩是永遠不休息的。我們凡夫工作多了、累了，就想要休假，菩薩卻不會說：「我今天休假！」如果是這樣，那我們念觀世音菩薩豈不是不靈了？事實上我們隨時隨地念觀世音菩薩，觀世音菩薩就隨時隨地都會來加持我們，在臺灣念觀世音菩薩有用，在印度念有用，在美國念也有用；在我們的地球世界念有用，在他方世界念也有用。所以菩薩是處處都去，時時都在，菩薩是沒有休息的。

那麼菩薩成了佛，是不是就應該休息了呢？釋迦牟尼佛在沒有成佛以前，辛辛苦苦地修行；證得佛果之後，也未曾停歇，依舊是辛辛苦苦地度眾生，從恆河的兩岸，東奔西走，過了四十多年「席不暇暖」的日子，一直到他將要涅槃的時候，都還在說法度眾生，也從未抱怨自己的忙和累。

只要能做到「忙、忙、忙，忙得好快樂；累、累、累，累得很歡喜」，用智慧來發光，用慈悲心來發熱，為了成就功德、締造生命的成績而忙，這樣的忙碌就會有意義，就是菩薩的精神。

（選自《找回自己》）

第二篇

佛法的臨終關懷

永恆的關懷

佛教對永恆生命的信仰

一般在面臨親人過世，或者自己遭逢重大難關、好不容易走過來的情況之下，會產生一種反省，那是向內心的反省，而不是從外境去推敲、去考察，也就是說，信仰這件事，不是研究、推敲可以達成的。

信仰是自己對生命的體驗。有些事情，如果缺少信仰，怎麼也無法解答；有了信仰之後，至少有一部分問題能獲得解決；由此再繼續深入，就可以漸漸體會到生命的意義和價值。但是，一般人講生命的意義和價值，通常是指對他人付出、對社會關懷，至於是否有一個永恆的生命存在，不見得在他的關心之列。

永恆的生命究竟是什麼？是文化、歷史嗎？這只對了一半。人類的文化、歷史會隨著時間生滅，甚至地球也有毀滅的一天，到時候誰也不知道孔夫子、釋迦牟尼佛究竟是何人。

地球會毀滅，人類的文化、歷史會消逝，但生命是永恆的。為什麼說生命是永恆的？因為除了文化、歷史的生命之外，尚有我們自己個人的精神生命存在，也有人稱為「靈」的生命。從佛教的角度來講，精神的生命就是「福」、「慧」兩種功德。「福」是為眾生奉獻、造福；「慧」是般若、無我的智慧，這兩者的生命都是永恆的，不僅僅存在於一生一世，也不受限於歷史文化之中，而是生生世世延續下去。

佛教將修行證得福慧圓滿的人，稱為「解脫者」。解脫者最後到哪裡去了呢？解脫者的存在，是時間和空間無法限制的，不一定在我們這個世界重複出現，他隨時隨地可在任何一處的時空出現，那叫作「功德身」，也叫「智慧身」。這是佛教對於永恆生命的信仰。

對人而言，具備這樣的信仰是很重要的，否則，生命徒然只在世間來來去去，最後到哪裡去？人的價值又在哪裡？地球、宇宙也有毀滅之日，人的價值是否因此而消失？若從信仰的角度來看，永恆的精神生命是存在的。

譬如說，人往生以後到哪裡去？佛教徒說去極樂世界。究竟有沒有一個極樂世界呢？沒去過的人無從得知，只知道那是釋迦牟尼佛講的。還有，在極樂世界裡接引化眾的阿彌陀佛，將來也有圓寂的一日，阿彌陀佛圓寂以後，極樂世界還有觀世音菩薩繼續在那裡度化眾生。只是觀世音菩薩將來也會涅槃，到時候自然又有另一尊佛出現。

相對於極樂世界的清淨、安定，我們所處的人世則是非常危脆、非常短暫，叫作「娑婆世界」。娑婆世界並非不好，反而有利於修行。在這個世界，我們一邊受苦受樂，也可以一邊修福修慧。如果在西方極樂世界，就沒有修福修慧的機會，因為大家都無憂無慮，也不需要他人幫助，所以在極樂世界，修福修慧的機會比較少一點；因此，在西方極樂世界的眾生，距離成佛之路比較遠一點、長一些。不過既然能往生西方極樂世界，對於成佛時間的早晚，也就不是那麼在乎了。

但是在沒有往生之前，我們總希望能在這個娑婆世界多培植福德、多增長智慧，以便將來往生西方極樂世界的蓮位高一些，離成佛近一點。

相信，才能深入信仰內涵

信仰是屬於個人的體驗。一旦有信仰，覺得對自己有用，對他人也很好，那就相信吧！任何一種宗教，天主教、基督教或伊斯蘭教，在某一個層次都是這樣的。如果一定要從邏輯、理論、哲學的角度來探索宗教，那就不談信仰，純粹做學術研究，也未嘗不可。只是研究宗教與信仰不同，前者無法深入信仰的內涵，也沒有辦法得到信仰的力量、信仰的功德。

信仰的一部分是因為需要。達賴喇嘛曾舉例，佛教講因果，可是因果無法以現實去證明、去「兌現」。即便如此，因果還是存在，只要你相信有過去世、有未來世，因果便成立了。如果執意不信有過去世、未來世，那因果就講不通了，因為那是看不到的。

許多人很矛盾，一方面想獲得佛法利益，卻又不相信佛教講的因果。在我看來，這些人是被理性、邏輯給障礙了，所以信仰進不來。

為了獲得佛法利益，而相信可能無法「兌現」的三世因果，這樣的信仰是否等於迷信？這就要看信仰的內涵與作用。如果一個人對於自己不明白的事、無法解釋的現象，充滿懷疑而煩惱不已，但接受信仰以後，煩惱、問題就減少一些，如果是這樣，為什麼要否定信仰呢？

信仰之中，確實有一部分無法以常理解釋，也沒有人可以提供解答，但是信仰的力量確實存在。譬如有一尊觀音像，受到佛教徒的禮敬崇拜，而觀音只是靜默不回應。不回應就代表沒有感應嗎？這就因人而異了。不相信的人很難有感應；相信的人，通常會有感應。

在中國人的傳統社會，生死不是那麼決斷的事。暫且不論佛教觀點，傳統的中國文化也相信生命是延續的。譬如孔夫子講：「未知生，焉知死。」對討論死亡這件事雖然存疑，但也不否認；又說：「祭神如神在。」肯定祭祖追思有其需要。這是儒家思想對社會的一種正面安定力量，對社會倫理價值的維繫，有很大的作用。

儒家也相信「天」的存在。天，其實是一個虛無的思想，並非有一個具體的天存在。中國人崇拜天、信仰天，相信活著的時候，人上有天；人死之後，則墮入陰間、黃泉。這還是相信人死之後有一個去處，生命還是存在的。

從佛教的觀點，生命是生生世世存在的相續，不因一期生命的結束而中止。佛教如此看待生死，對信仰者也是一種安慰。

我對生命的體驗，是跟修行的信心連在一起的，然後推及到各種社會關懷工作。與一般公益團體的作法不同，我們提供的是永恆的關懷。一般的社會服務、社會運動，多半給予現實上的關懷，而我們重視的是，從現實生活到永恆的生命，都需要關懷。例如臨終關懷，我們會給予佛法，告訴臨終者和家屬永恆的生命是存在的。家屬接受這樣的觀念之後，對往生者會有懷念，但沒有恐懼，也不會有失落感。

（摘自《生命與信仰的探究——聖嚴法師與龍應台的對話》）

身心靈臨終療護

了解死亡，毋須憂懼

避談死亡，多半是因為恐懼，而恐懼的主要原因是不了解。中國人談到死亡話題時，總是賦予陰森森的印象，形容活著時是在「陽間」，死了以後就到「陰間」，陰、陽兩界的距離好像很遠。所謂「生離死別」，死了之後再也看不見活著的人，因此不希望談死，這是民間的說法；另外，在儒家的思想中也有「未知生，焉知死」的觀念，看重的是生前而不管死後，正所謂「生死兩茫茫」，這也讓人產生死亡很可怕的印象。

反觀西方，因為宗教信仰的支持，認為人死了以後可以跟隨上帝到天國，在他們的信仰中，只要經常禱告、懺悔就可以得到神的救濟、召喚。所以，西方人對於死亡就不會那麼恐懼，看法也比較光明。身為宗教師，我見過許多死亡的場合，我常說：「死亡不是喜事，也不是喪事，而是莊嚴的佛事。」實際上，死亡是非常莊嚴的。對佛教徒而言，這也是很坦然、平常的事，因為活著的時候已經知道將會死亡。佛教徒相信人的一生只是短短的一個過程，死亡意謂著結束這一個過程，將進入下一個過程。

照顧最後的平安與尊嚴

臨終關懷不只是心理、醫療層面的問題，許多時候宗教信仰更能協助病人，不一定是佛教，其他宗教也可以。例如在自然死亡的過程中，雖然已經使用麻醉或止痛藥，但病人還是很痛苦，此時是否有更好的辦法來協助他們？佛法就是給臨終者信心，教導他們不要認為自己是在受折磨，而是面臨一個新旅程的開始。在這段疼痛的時間中，一定要努力走上一個新的境界，雖然辛苦，走過以後，前面就是光明的景象，這是第一種方法。

另外一種是轉移法，即觀想自身的痛楚是許多眾生的苦，自己正在為他們受苦；自己受了苦以後，其他眾生就不用受同樣的苦，因為是甘願接受這樣的苦，自然不需要掙扎，也不會認為自己是逆來順受。其實，身體的疼痛不是最苦的，心裡的掙扎才是最苦的；心情放鬆了，身體的苦也就不那麼強了，這是一種「觀想」的修行方法，對於臨終時神智清楚且身體非常疼痛的人是有用的。

而在關懷臨終的病人時，除了為他念佛，一方面也要講述佛法的觀念，告訴他這一生無論過程如何，他的心都是非常善良的，大家正以願心祝禱、幫助他，未來一定會往好的方向去。請他一定要這樣相信，歡歡喜喜地往生，這也就是所謂的「善終」。善終並不一定就是無痛、無病的往生，有病有痛也可以善終，只要觀念正確、正念分明，臨終可以很莊嚴也很有尊嚴。

一般人以為臨終關懷是請人家來關懷我，其實應該是自己先要有能力關懷自己。生命是隨時都可能結束的，人出生時就已經注定死亡。因此，最健康的生死觀，應該是父母在生下孩子時就對孩子說，他的出生跟死亡連接在一起，生與死只是一線之隔，是同時存在的。所謂臨終的準備工作，應該是出生時就準備好的。在大家都看重宗教力量的同時，宗教當然不會置身其外，這麼好的信念，我們一定會努力宣導，更期待大家攜手合作，共同推廣。

（摘自《不一樣的生死觀點》）

臨終關懷

對於病患的看護以及臨終的關懷，已是現代宗教重要的服務項目。現代人病重時，便可能住進醫院的病房，接受專業的醫護照料，但在病危彌留之際，病患本人以及病患的親屬，都會陷入恐慌、焦急、悲苦、無奈的情景中。此時亟需要有人給予宗教信仰和宗教精神的照顧。所以從二十世紀後期，西方社會中即有人設置安寧病房，以照顧臨終的病患。我們臺灣的佛教界也普遍地推廣了臨終助念的風氣，如今，法鼓山提倡的臨終關懷及佛化奠祭，已經是很受社會大眾歡迎的了。

其實，此在釋迦世尊時代，就已實施了。例如《增一阿含經》卷五〈入道品〉之四，佛告諸比丘：「其有瞻視病者，則為瞻視我已；有看病者，則為看我已。所以然者，我今躬欲看視疾病。」這是說，比丘們當為病比丘做看護，就等於為佛陀做看護。照顧了病人，就如同照顧了佛陀，而佛陀自己也要親身看顧病人。故在《僧祇律》卷二十八中，就有佛陀親自替病比丘洗衣的記載。在《雜阿含經》卷三十七的一〇二五經記載，有一位客來比丘，在客僧房中病得很重，無人照顧。佛陀便去探看他，病比丘見佛陀來探視，便扶床欲起。佛陀忙說：「息臥勿起。」並問他：「苦患寧可忍否？」病比丘回說：「我年幼稚，出家未久，於過人法勝妙知見，未有所得，我作是念：命終之時，知生何處？故生變悔。」接著佛陀為他說六根、六塵、六識的緣生之理。佛陀走開之後，病比丘便死了。弟子問佛：「如是比丘當生何處？」佛答：「聞我說法，分明解了，於法無畏，得般涅槃。」一個出家未久的年輕比丘，本來還在擔心他尚未得到解脫道的勝妙法，不知死後將生何處而生起不安之心，由於佛陀為他臨終說法，他便得涅槃證聖果了。以此可知，為臨終者說法，以及欲臨終者應當聞法的重要性了。也有病重比丘，由於佛陀的探視，聞佛說法而病好了的。例如《雜阿含經》卷三十七的一〇二四經，佛為病重的阿濕波誓尊者說五蘊非我，便使他心得解脫，歡喜踊悅，身病立除。在《雜阿含經》卷三十七中，尚有不少佛及聖弟子們探病說法的例子。

在《增一阿含經》卷四十九的〈非常品〉中，有一則舍利弗與阿難共去探視阿那邠祁長者病的記載。兩人向此長者勸修念佛、念法、念比丘僧，說色、聲、香、味、觸離於識，說五蘊熾盛苦，說十二因緣法。長者聞法，感動悲泣，命終之後，即生三十三天。

依據《雜阿含經》卷四十七的一二四四經記載，佛說若有男子女人，臨壽終時，身遭苦患，眾苦觸身，只要心中憶念，先前所修的善法功德，即於此時攀緣善法，則當生於善趣，不墮惡趣。但亦最好能有善知識從旁勸勉提醒，使得臨命終人，保持正念。

由上所舉經證可知，佛教非常重視探看病人，尤其對於病重病危的病人，應該為他說法。如此或可由於聞法心開而病就好了，或可由於聞法解了而命終解脫，至少也可由於聞法往生善趣不墮惡趣。

中國的淨土念佛法門，確實是好，不僅能夠做臨終時的助念關懷，也能夠做死亡後的誦念超度，較之於《阿含經》的臨終關懷，更多一項方便。誦經說法與念佛說法，是異曲同工的。

（摘自《學術論考Ⅱ》）

如何告知病情？

患者罹患重病，是否要告知實情，沒有一定標準，因人而異。要看病人及親人的心理狀況如何，再隨緣制宜。

我曾遇到一位癌症末期的病人，他的家人在他面前都不提病情，但背地裡卻又非常地焦慮，告訴我說：「大概已經不久人世了，但沒有人敢告訴他實情，怕他衝擊太大、受不了。」

他的家人希望我去慰問、關懷患者，我依家屬所託，明明知道他的病情不樂觀，還是要告訴他：「沒有關係，念念觀世音菩薩，很快就會復元了。」

結果他對我說：「師父，我知道大家都在騙我，我早已知自己不久人世，為了不要讓他們傷心、憂慮，也只得向他們說：『放心，過一陣子就好了。』大家都在演戲啊！」他說：「我很清楚自己的身體狀況，大家不告訴我，但我知道我已經到了要走的時候了。」

我勸他坦然和家人談談，免得家人不敢談後事。話說開來後，大家坦然面對，該來的總是會來，他並告訴家人：「心境已準備好，已無所求，準備等佛菩薩來接我。」我告訴他，不要等死、不要怕死，更不必求死，時時念佛，能念多少，就念多少。

一般癌症末期的患者，癌細胞會擴散，臨終前會痛苦不堪，這位患者臨終時沒有任何痛苦，走得很安詳。如果病人怕死，不願面對死亡，跟他說病情時，可能會讓他驚恐、緊張，原本還沒到死的地步，反而被嚇死了。因病人怕死，受不住驚恐和緊張。愈是怕死的人，愈無法面對死亡，臨死前會很痛苦、很恐怖！對這樣的人，還是將病情隱瞞起來比較好。不知情的情況下死亡，來不及驚恐就往生了，但可能很多事情來不及交代。

人生在世，終究會死，即使沒有病也會死。因此，病人生病時可以告訴他應該先有死亡準備，比如預立遺囑、後事該如何辦理等，讓自己心中沒有牽掛，也不會留下子女爭產等後遺症。立遺囑可包括：財產如何處分、事業如何處理，未了心願如何了結等。

病人不喜歡提及死亡，但是人人都要為死亡做準備，就後事做好交代，讓死者無憾、生者無爭。

（摘自《方外看紅塵》）

臨終病患的佛法照顧

對於一個沒有宗教信仰的人，或者對於沒有過去、現在、未來三世信仰的人而言，死亡的確是一樁既悲哀又無奈的事。相反地，如果一個擁有堅固信仰的人，會對死後的世界充滿希望與光明，對死亡也比較不會那麼恐懼、那麼悲哀。

念佛是最方便的方法

進入安寧病房的病患，有很多是癌症末期的患者，他們意識雖仍然清楚，但是身體可能已經非常衰弱，甚至沒有辦法自主，因此對他們的關懷，可以從佛法勸人念佛的立場來著手。念佛是最方便，最容易讓臨終病患對未來存有希望的方法。即使是中國的禪宗，在面對臨命終時，也是勸人念佛，例如民初禪宗大師虛雲老和尚、我的師父東初老人，在他們往生的時候，也都是用念佛的方式。

我們可以在患者臨終時為他助念，並且告訴他佛經中所說的一些道理，讓他將心中的怨恨、情結、捨不得及種種的執著都放下，使他心開意解；更進一步還可告訴他稱念佛菩薩的聖號，依佛菩薩的慈悲願力，能夠往生極樂世界阿彌陀佛的淨土，讓他對死後的趣向發起信心，不會那麼徬徨恐懼。

佛教的助念對亡者家屬來說也是非常有用的。一般家庭，在突然遭逢親友往生的重大變故時，難免六神無主，手足失措，此時助念蓮友的到來，一者可為亡者助念，同時帶動其家屬一起念佛，幫助他們把心安定下來；二者亦能從佛法的立場，建議家屬如何料理後事。這些關懷和幫助，對亡者家屬非常重要，不但讓他們感受到人情的溫暖，也讓他們體會到學佛的好處。

我曾經親自幫助一位從加護病房移出來，準備回家往生的癌症病患。我告訴他：「你將清清楚楚地走向另一個世界，從現在起，不要去注意身體的感受，雖然會感受到痛、不舒服，但是不要覺得那是你的身體；面對你的親人時，清楚地知道你的親人在，但不要想到他們是你的親人，否則會使你牽掛難捨。」

「還有，身體愈來愈不能動，不要覺得有恐怖的事要發生了，把它當成是自然的現象，好像電影的淡入一樣，你將漸漸地淡入另一個世界。」

我要他在這個時候最好能夠念佛，如果不行，旁邊的人可以幫忙念，或是擺一台念佛機，音量放小，同時感覺著自己慢慢淡入，即將進入一個光明的境界。這個時候如果真的有光明的境界出現，千萬不要害怕，那是個非常好的現象，不要退縮，就進入那個光明境界。

我又告訴他：「不管有沒有光明境界，你的心都跟光明在一起；不管聽不聽到佛號，你的心都要跟佛號在一起。」傍晚的時候，這個人非常安詳地往生了，這是用念佛的方法幫助人往生的實例。

我曾問過一位印度禪學老師，他在遇到臨終病患或剛過世的人時，會建議他的親友們，在病人身邊打坐，以心念的力量，營造出祥和的氣氛，使得臨終病患感受到祥和安寧，在這樣的氣氛下往生，亡者通常不會感到恐怖、憂慮。但是，採用這種方式，必須具備相當禪修經驗的人才辦得到，甚至還需要一些禪定的基礎。在臺灣社會中，有相當程度打坐經驗的人並不多，所以若是要求照護臨終病患的人，採取這個方式，恐怕會有困難。

發願把自己的未來奉獻眾生

曾經有些西方人問我，在遇到自己或是親人往生時，該怎麼辦？由於西方人不習慣念佛，因此我多半教他們念《心經》，或是教他們了解佛法中「無常」、「無我」、「空」的觀念，理解生命的存在有種種生、老、病、死之苦，這在病苦與死苦的當下，特別容易感受到。

此外，如果臨終病患能夠接受「我們的身體就是一個無常」的觀念，那麼他的心一定也會比較安定，因為他能了解身體從生到死天天都在變化，每天都有不一樣的感受，不一樣的情況；身體既然是無常，那麼這個「我」也不是真實的，所謂的「我」只是念頭的連續而已，就像把一張一張照片分開來看，每一張都是獨立的，連接在一起，就變成是一部動作片的電影。

知道我們身體是「無常」、念頭是「無我」，那麼生命的結束，也就沒有什麼好怕的。若能不恐懼、不擔憂，當死亡——這件自然的事實出現時，就能夠內心平和地面對它、處理它。

很多人都會問：「人死後，還有什麼呢？」有！死後還會有另一個生命、另一個境界，但是我們不用因此而擔心死後的世界，不如發一個願，願意把自己的未來奉獻給一切眾生；發了這個願後，將會產生一股正面的力量，使我們的前途光明，來生會比現在更好。如果能夠發起這個願，必定也就可以安心地走了。

也有些病患臨終時身體非常疼痛，痛得連麻醉藥都沒有用。我認識一位大學教授的太太，她得了血癌，痛得非常厲害，不得已之下，她以拔牙齒的痛來取代身體上的痛，最後她把滿嘴的牙齒都拔光了。其實，臨終患者若能在疼痛的時候，不要認為那是你在痛，也不是真正的痛，這樣不但有助於減輕疼痛，而且在這一生最後的時刻，能有這種面對疼痛的經驗，來生將會有更大的耐力。

目前安寧病房可以採取的一些減輕病人疼痛的療護措施，也是很好的方法。只不過有些人以為臨終時身體疼痛可以消業障，所以寧願讓它痛，也不願接受止痛療護，這種觀念其實是錯誤的。因果業報之說，一定還要配合因緣；若從因緣的角度來看，有此好因緣，可以減少痛苦，那表示業報已經消了，就表示有福報，不必再受那麼大的痛苦。

建立正確的死亡觀念

我常勸人不要有等死的心態，但是要為隨時有可能會死而準備；也就是說，第一、不要怕死，第二、不要等死，第三、要準備死。什麼時候死亡會來，我們無法得知，但是要有下一念就有可能會死的準備；如果建立這樣的死亡觀念，不但不會怕死，也不是在等死，反而會激發旺盛的生命力，活得更充實些。

所以即使到了安寧病房的病人，也不是就在那兒坐困愁城等著死亡，要用修行的心態，只要活著還有一口氣在，就要與人結歡喜緣——與醫護人員結緣，與照顧自己的人結緣，與任何見到的人結緣，與有形、無形的一切眾生結緣，這樣即使是臨終，都不會減損其生命的意義與價值。

（選自《法鼓》雜誌九十八期，一九九八年二月十五日，第七版）

死亡的準備工夫

死亡的規畫與準備

處理身後事，的確需要一番工夫，遺產、喪葬儀式，乃至債務的清償等，但是我認為生前做好對死的心理準備還是很重要的。

中國傳統的農村社會，年過五十歲的人都會開始為身後大事做準備，譬如買好壽衣、壽棺和壽穴，這就是不想麻煩別人，並且還會未雨綢繆，為自己留一點棺材本。這種坦然面對死亡的態度非常健康，也非常值得現代人學習。因為臨終者並不認為死亡是悲慘的事，而下一代也不覺得長輩壽終不可忍受，大家都可以用理性、平靜的心情迎接必然來到的一天。

更深一層看，由於年過半百者預計自己將死，就會更積極去完成未了的心願，或為子孫積德造福；而子女也會自我警惕，把握時間行孝，以免有「子欲養而親不在」的遺憾。

時代演進到二十一世紀，人類平均壽命雖然延長，但對死亡的準備，反而不比農業社會那麼坦然自如。隨著醫藥科技的突飛猛進，大眾似乎普遍預期「人定勝天」，對於任何時刻都可能降臨的死神，失去隨時面對的心理準備，以致當來臨時，張皇失措而不能接受命終的事實。

表面看來，現代人受到較好的保護，壽命也延長了，但是死亡的機率其實並沒有降低。譬如，現代人死於天災的人口也許減少；但相對地，人禍方面的死亡機率卻增加了。譬如，交通意外事故、職業傷害，以及因環境汙染、過度開發破壞自然環境而死傷的案件，也是農業社會所少見。

科技時代的生活型態，降低了一般人對死亡的預期和準備。由迎接新生命這件事就充分反映這樣的心態。現代父母都是到醫院生產，原因不外乎在醫院比較安全，萬一發生狀況，可以立刻受到最好的醫療救援。但是先進的醫療技術、設備，是否真的能夠保證一定平安無事？好像到目前為止還不能吧！

從另一角度來看，醫院的功能是雙重的，一方面接受生，另方面也送亡。事實上，每個新生命在孕育、出生的過程中，都時時面臨病與死的挑戰，更貼近地說，人一出世，即與死亡連在一起。若能及早認清有生就有死的必然因果關係，就比較容易克服死亡的恐懼，坦然地接受死亡。

曾幾何時，社會興起「生涯規畫」的浪潮，由這股浪潮衍生出許多炙手可熱的學說、理論，包括第二專長的培養、性向測定、人格認知、人際關係處理、時間管理、開創人生第二春，甚至理財等等。這些知識的確可以幫助許多人適應或掌握變動不已的新時代，但可惜的是，極少人在談生涯規畫時，納入「死亡規畫」的概念。

反觀西方人，他們卻常在年輕時就已寫好遺囑，日後再視主、客觀條件的改變予以修正。雖然臺灣社會目前願意在身強力壯時，購買保險的人口逐年增加，未雨綢繆的觀念比以前濃厚；但願意在花樣年華為自己規畫身後事的人，好像並不常見。我建議大家在生命的任何階段都應該思考死亡的問題，以免當「意外」發生時，令親友既悲傷又慌亂。

其實，死亡規畫既無須忌諱，也不複雜，主要包括遺體處理（安葬儀式）、遺產及債務處理，這是對自己及別人盡最後責任的具體表現。這些事情沒有交代清楚的後遺症時有所聞，例如子女彼此信仰不同，為了父母該如何舉行喪儀、安葬，吵得不可開交。更有人為了爭遺產，妻子、兒女互控，因而鬧上法庭，這些事情對亡者及生者，都不平安。

曾經有一位姓唐的新儒家學者，他自己主張以儒家的「死，葬之以禮，祭之以禮」的方式來辦理個人的身後事。但是他母親過世時，他反而猶豫了，因為他覺得儒家儀式並不是他母親所需要的。後來，他思索母親生前習性較傾向佛教，於是採用佛教儀式為母親舉行喪儀。有趣的是，他自己往生時，也採用佛教儀式。

一個人生前有宗教信仰，他的後事比較容易處理，子孫只要依從他的信仰即可；如果沒有宗教信仰，那麼遺族最好效法唐先生，站在亡者立場多加考慮。

四個真實案例

接下來，我講一些真實的例子，這些故事中的主人翁在處理遺產，以及面對和準備死亡的態度，對社會上許多人應會有些啟發和助益。

有一位老太太，先生過世時留下大筆遺產，老太太的兒女很孝順，於是她把所有家產全數分給眾子女，有孝心的孩子安慰她，請她輪流住在兒女家。

兩年後她來見我，心裡很痛苦，她說孩子本來都很歡迎她；漸漸地，她覺得事情愈來愈令她不愉快。逢年過節，三個兒子都請她到其他兄弟家，就是不願意留她在自己家裡過節。兒子的房子很大，老太太卻都住在客廳裡，沒有給她自己的房間，因為兒子認為老太太只是偶爾小住一下，在寸土寸金的城市裡為她留房間是一大負擔。不過，這種處境讓老太太很不方便，很沒有安全感。

後來，我問她的兒子，為什麼「不要」母親了呢？她的孩子回答說，阿彌陀佛，不是他們不要母親，是母親意見很多，老是嘀咕，使得一家大小不得安寧。

最後我請老太太住在寺院裡，她謙稱自己已身無長物，無法供養佛寺，只好由孩子安排住進養老院。

另外一位老太太，在處理相同情境時，就顯得有智慧多了，這位老太太在先生死後，並沒有將遺產悉數分給兒女。她把遺產分成四等份，一份讓兒女一起分，另一份給丈夫生前的所有員工，第三份用於投資生息孳財，最後一份放在身邊，做為生活所需的開支。而且，她也不跟孩子們一起住，自己和幫傭住老家，沒有家累牽絆，過得自由自在。

每逢佳節，兒孫回老家與她齊聚團圓，她一定發給每個人一個大紅包，兒子、媳婦、孫子統統有，皆大歡喜。即使平日，兒孫們也經常噓寒問暖，看看老人家是否有何需要，一直到她過世，這個家族都維持圓滿和樂的關係。而她的幾個孩子為她料理身後事也很盡心，布施、做佛事，一一行事如儀。我想，這位老太太仍擁有兩份財產，可能是個不小的誘因。這倒不是說她的孩子只為貪錢才行孝，關鍵在於人到晚年，最好學會打理自己，不要心存仰賴子女的念頭。

當然，社會上不是每個人都能有一筆遺產以供晚年之用，如果自己沒有什麼積蓄，就要廣結善緣。

農禪寺過去有位男信眾，他沒有什麼錢，但是幾乎每天到寺裡做義工，幫忙做一些小件的木工，也參加助念團為臨終者助念。他往生後，我們以僧團行者（發心出家，住在寺裡學習出家人的修行生活，準備因緣成熟時落髮的在家居士）的儀禮，為他安排後事，許多信眾及他生前的朋友也一同為他助念。這恐怕比他滿堂兒孫都要做得好，也比一些雖然富有，卻少結人緣的人要圓滿一些。

所以，擁有財富還得有智慧去運用，但如果沒有萬貫家財，就需懂得廣結善緣，這點很重要。這位男居士不但安心地迎接死亡，更將餘年奉獻給宗教，像這樣願意付出的人，能從容地面對死亡，他不但生前做事利人，而且這樣的死亡態度也對後人有益。因為臨終者能夠不驚不怖走向人生的盡頭，這種平和的情緒也感染了周遭的親友，使他們不至於陷入悲傷的情境中。

另有一個妙例，這是我的弟子果肇法師和他母親的故事。果肇法師的父親去世得很早，姊弟也都各自嫁娶，果肇法師出家前一直與母親同住，長達十七年。母女兩人相依為命，感情非常深厚。當果肇法師提出想出家修行時，老菩薩沒有攔阻，這種豁達、灑脫的氣概真是少見。

果肇法師到農禪寺後，老菩薩就到農禪寺廚房當義工，參加寺裡的各項修行活動，週六念佛共修，每年二次的佛七老菩薩都很少缺席。直到她往生時，一共參加十三次佛七。七十幾歲的老菩薩一向不服老，在禪七、禪三、禪一的禪堂中，也經常看到她的身影，非常精進。她為人風趣，人緣極好，大家都稱她為「古錐菩薩」。

在她去世的那年元月（一九九八年，老菩薩七十六歲），我剛從美國回臺，在寺中遇見老菩薩，我見她走路的樣子，直覺她身體不適，就問她：「身體好嘸？」

老菩薩翹起大拇指說：「蓋勇啦！」

其實，在寺院掛單那幾天，她身體已經很不舒服，但都不願意讓果肇法師知道她的狀況已有點嚴重。環保日的前兩天，她的健康狀況已經很差，但因為已經答應北投區的菩薩們包粽子、蒸蘿蔔糕，於是硬撐著身子在園遊會的前一晚包好上千粒粽子。當天清晨三點不到，她就起床蒸熟粽子，並送到立農公園將攤位擺設好，才請果肇法師送她到臺北長庚醫院看病。當天晚上，情況惡化，轉至林口長庚醫院急救。

之後，老菩薩昏迷了六天，果肇法師時而提醒老菩薩，平日的念佛工夫這時候要用上。這段期間她若是清醒，就會念佛或持〈大悲咒〉，來提起往生佛國的正念。由於她打過十多次佛七以及每週六參加念佛共修的經驗，非常熟悉佛號的節奏，所以經常用手拍打床沿做木魚聲響，用念佛來抵抗病痛及昏沉。

第六天，她顯得有點煩躁並想回家。果肇法師請果東法師為她開示，果東法師要她把心放下，拿出平日的豪爽氣概來面對當前最重要的一刻，萬緣放下後，大約過了半小時，她就安詳地往生了。

據果肇法師說，老菩薩在病中，因手腕打點滴，鼻孔、嘴巴都插上許多管子，身體僵硬、臉色蒼白。往生後，在法鼓山的法師及蓮友們的助念下，協助老菩薩提起正念；更衣時，老菩薩的身體變得柔軟，臉上泛著紅潤。她平時睡覺會打鼾，嘴巴是張開的；但往生時，眼、口都闔上，嘴角還帶著笑意。

老菩薩往生後的第二天早晨，我向我的出家弟子們說過這樣一段話：

這位老人家比我們出家眾還多一點道心，雖然有病在身，卻還是那麼鎮定、精進，還在為義工的工作發心。老菩薩並不認為自己病情不輕，就可因此好好了生死、好好一心不亂地念佛，她反而依舊奉獻，直到最後。

有些人害了病，就躺在床上養病（特別是老人家），這時，他們的心情容易陷入低潮，難免哀聲嘆氣；甚至把兒孫、親友、照顧他的人，都一一埋怨一番，煩惱極重。就是出家眾也不能說百分之百不起如此的無明（因愚癡而生的煩惱），於是或者抱怨僧團很「冷血」，或者抱怨師兄弟沒情義。能像果肇法師的老菩薩這樣往生，真是有福報，說明她煩惱少，放得下，走得多麼清爽。這不但對社會大眾有啟示，就連我們出家眾也可以從中學習。

最後要談的例子是一位女信眾，如何善用她生命最後的兩、三天，讓自己的生命圓滿結束。

這位女菩薩在她先生過世後曾告訴我，將來她死後不打算把遺產留給自己的獨生女，而是想捐給我。我勸她，我們兩人年齡相仿，誰先去西方尚是未知數，說不定我先走一步，把財產捐給我不是好辦法。於是她決定將遺產捐給法鼓山。我說，那就對了。法鼓山是十方的道場，透過道場來行布施，利益眾生，這樣的功德就大多了。我本來沒有預計事情會來得這麼快，但它真的說來就來。

隔沒多久，我人在美國，接到她的電話，說她自己快死了，我很驚訝，安慰她不要胡思亂想。但她說：

「師父，我現在在榮民總醫院，吐血不止，我快死了。」

「怎麼會？妳的聲音聽起來好好的。」

「醫生也說我快死了，我要請假出院。」

「既然病得這麼重，怎麼還要出院？」

「我要出院辦理財產過戶，請師父指派法師跟我去辦手續。」

於是我交代管理寺裡財務的兩位弟子，陪同去辦理。這位女菩薩忙了一整天，看起來身體還不錯，與她同行的兩位法師不相信她是個即將壽終的病人。事情辦妥後，她銷假回到醫院，第二天就往生了。

事後，我們也依「行者」的身分為她安葬，她的遺族也欣然接受她對身後事的安排。後來，法鼓山用她的不動產成立佛教教育推廣中心，又以她留下來的動產設立永久紀念獎學金。

這樣面對生命終結的態度既莊嚴又安詳。

（摘自《歡喜看生死》）

放下與助念

臨終時，如果意識依然清晰，這時應該將生者的種種事務完全放下，不要再為他們牽腸掛肚，平添彼此的煩惱。

站在宗教的立場，鼓勵臨終者念佛並為他們助念是一件極有功德的大事。對已喪失意識的臨終者而言，他雖然不能言語，但內心還可以感受到外界的訊息，特別是對親人的感應力很強，所以助念者的誠心仍然可以傳達給他們。

助念，就是以柔和的聲音、慈悲的心、堅定的信念，在亡者身旁誦念阿彌陀佛的聖號。

助念的意義有四種：第一，是個人對個人、家庭對家庭的互助，把喪家的無依、無奈轉化為互助的支持系統。法鼓山在一九九三年成立了助念團，我曾對助念團的團員說，助念之後，大多數喪家會致贈「紅包」做為回饋。但我們絕對不能收錢，而是要收「人」。因為喪親者請人助念，他們一定知道助念的利益，而且也承受了這樣的利益。既然如此，就應加入助念團，進而幫助他人。這就是互助精神的發揚。

第二，幫助亡者往生西方極樂世界。親友及旁人助念可以使臨終者的神識也跟著念佛，得蒙西方三聖（阿彌陀佛、大勢至菩薩、觀世音菩薩）的接引。即使亡者因自身福慧不夠深厚，或因緣不成熟、意願不懇切，不能往生西方佛國，但也一定能到較好的去處。

第三，協助亡者家屬安定身心。由於沉緩的佛號聲具有安定力量，可以降低悲傷和恐懼的複雜情緒。

最後，助念也等於是助念者自身的一種修行方法，也有弘法的功德。助念的經驗愈多，愈能堅定往生西方的信心，自己如果也能念到一心不亂，功德就非常圓滿了。

活著的時候如果有念佛的習慣，且往生西方的意願強烈，這又比平常不念佛，臨終請人助念要穩當得多。所以，還是應該平常做準備，以免「臨時抱佛腳」，亂了方寸。

西方極樂世界為最後去處

中國大部分的佛教各宗派大都如此發願，只有禪宗或南亞的佛教徒例外。如果不去西方，還可以去別的佛國，或轉世再來人間修行、弘法，都是很好的。

對於一般大眾而言，平日或臨終前，發願往生阿彌陀佛的西方極樂世界是最好的歸宿。許多沒有宗教信仰的人，平常沒想過死後要到哪裡，也無所謂到哪裡，如果遺族能為他做大佛事、大布施，他還是有機會往生西方。因為人死後難免徬徨無依，喪親家屬不管是拜懺、誦經、持咒，都是給亡者指引一個方向，告訴他「由此去」（往西方）就能離苦得樂，而亡靈通常都會接受指引，因為他也不知道能去哪裡。如果生前無定見，死後也無人為他修法指引，而且既非大善人（轉生天道），也非大惡人（下墮地獄），那麼這樣的亡者通常會再生於人世間。

很多人都以為佛國非常遙遠，坐火箭也到不了，其實只要一念相應就到了，所以佛經云：「屈伸臂頃到蓮池。」意思是：只要信心堅定，人與佛土的距離，只要屈伸手臂一次的時間就可以到達。這都還算慢，其實一個念頭與佛相應，就可以到達了。

再者，佛教認為各個宗教都有自己的天堂，信心堅定的信徒，都可以往生自己宗教的天國。從這個角度看，對臨終者而言，是否具宗教信仰，其間的差別很大的。

（**摘自《歡喜看生死》**）

第三篇

生死大事即佛事

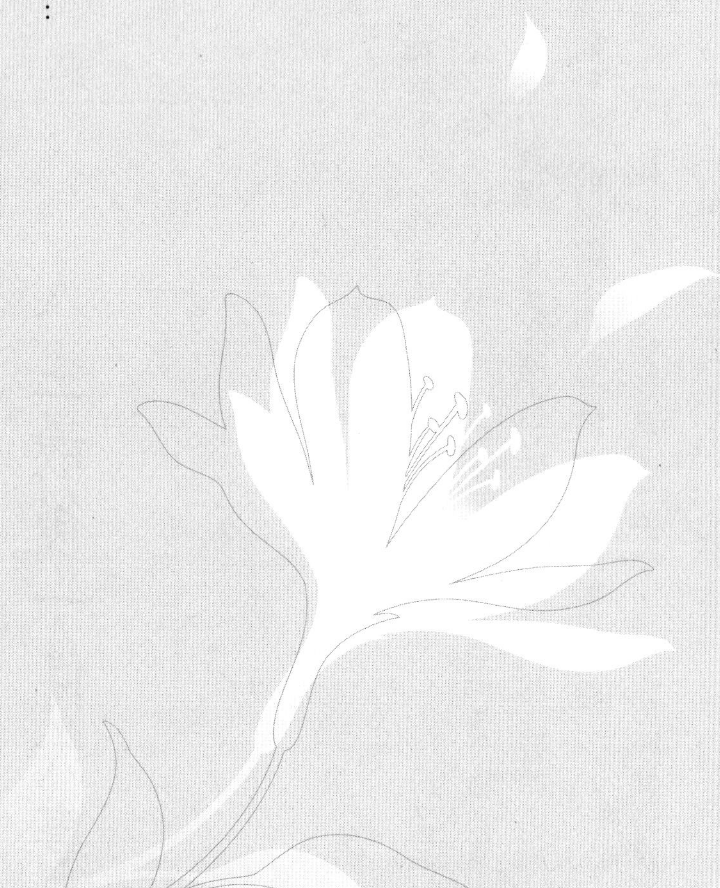

人生最後一件大事

人的死亡有兩種情形，一種是壽終正寢，一種是意外死亡。一般認為壽終正寢是年紀老了，躺在床上自然死亡，或是生病住進醫院，然後色身慢慢衰退，一直到生命力衰竭。其實年輕人若能預知死亡時間，譬如罹患癌症者，已經做好面對死亡的準備，開始念佛，這也是壽終正寢。

意外死亡就是一般人說的橫死，譬如車禍、天災，發生的時間通常很短，可能來不及念佛，或根本不知道要念佛，這就有賴平時做好死亡的準備。

如果平常沒有準備，突然間死亡了，親戚、眷屬應該要為他做佛事，為他超度，為他做布施。假如家屬也沒有修行，可以請助念團幫忙。

如果是你的親友家裡有人過世，而你身旁剛好又沒有助念團的蓮友居士可以幫忙，在他的家人能夠接受的前提下，你可以先去安撫他們，協助處理後事。家裡有人突然往生，一定會手忙腳亂，你可以問他們要不要念佛，告訴他們：「我是信仰佛教的，此時念佛對亡者很有用，他心裡會平安。如果你們跟著我一起念，你們的心會平安，也能影響到亡者，而能平平安安地往生。」

一、往生的過程

無論是壽終正寢或是橫死，都不是立刻死亡，而是還有一點神識，然後再慢慢地消失，直到沒有感覺。

消失的過程是四大與五蘊配合起來漸漸地離散；四大是身體裡的地、水、火、風，離散的次序分別是地大、水大、火大，最後是風大。

當地大離散時，最後一口氣將要斷，身體開始不聽使喚，漸漸僵硬，然後痛到了極點，痛到最後連痛的感覺也沒有，就像「生龜脫殼」一般。試想將一隻龜的殼活生生地給剝下來，這比剝皮還要痛苦幾百倍。一下子痛完以後，身體開始覺得沉重，就好像是千千萬萬的石頭或是一座山壓在身上一樣。這是因為地大要離散了，也就是色蘊的功能逐漸地消失。

接著是水大。水大離散時，受蘊的感覺非常強，身體重的感覺還在，口會覺得非常地渴，一般叫作脫水，也就是身體裡的水分開始凝固，血液已經不流通了，即使很渴，也無法喝水。這時嘴唇發黑，臉色轉青，因為血液慢慢凝固了。

然後是火大。當火大離散時，身體就像進入火山口那樣，首先是熱，一下子又變成冷。因為身體的熱量、熱能最後都集中在我們的頭部，身上已經沒有火，覺得非常冷。此時想蘊也跟著慢慢地消失，頭腦的思想、記憶漸漸模糊，什麼都不知道，這是火大離散。

最後是風大。風大離散，微細地一點點呼吸漸漸沒有了，我們平常的呼吸應該是出息入息均等，但當風大即將離開時，漸漸地只剩出息，而沒有力量吸氣了，愈吸愈吸不進去，就像在被戳了一個洞的輪胎上面壓了千斤的石頭，氣只能出而無法進。雖然這時很渴望吸氣，但沒有氣，最後連一點點的氣都沒有時，就斷氣死亡了，就是風大離散。

風大離散時，「身體是我的」的執著還在，但是已經無法控制身體了，在這段時間，你只能夠執著，頭腦裡已經沒有任何東西，是一片渾沌，因為想蘊，頭腦的記憶已經沒有了，只剩下最後的識蘊。識蘊就是一個糊塗的存在。

二、決定往生的力量：隨重、隨習、隨念、隨願

佛教認為人過世之後，是依四種原則決定他的去處。一是隨重往生，隨他生前所做善惡諸業中最重大的，先去受報；二是隨習往生，隨他平日最難革除的習氣，而到同類相引的環境中去投生；三是隨念往生，隨亡者命終時的心願所歸，善念則轉生人間、天上，惡念則轉生三惡道中；第四隨願往生，發願學佛則往生佛國淨土，或轉生人間繼續修行。

學佛修行的人，知道要發願，可以隨願往生，一般沒有學佛的人，不知道發願，就會隨重業往生。業有重業、輕業，隨重是以重業為往生的第一優先，如果是天上的業重，就會生天，如果地獄業特別重，就會墮入地獄。佛經裡說，下地獄如射箭，一斷氣馬上進入地獄，連中陰身階段都沒有，那是十惡五逆的重業。

其實往生西方極樂世界也是重業，臨命終時能見到一片金色的光芒，那就是無量光。光中有佛、菩薩，手執金台前來接引，你自然而然登上蓮

花，很快就到了極樂世界。有的人在斷氣前就能看到光和佛菩薩等瑞相，有些甚至連家屬也可以看到。

三十年前，臺北有一位吳姓醫師，他的父親是前清的宮廷醫師，一生念佛。他父親往生時，全家圍繞床邊念佛，往生時十分安詳。當時他就看到父親房間的牆上放光，整個房間很亮，然後在上面出現佛菩薩像，而且是活生生的，並不是畫的，當場大家都跪了下來。

臨命終時，如果願力很強，心念就與願力相應；如果業力很強，心念就與業力相應；這就是隨願和隨重。

如果沒有重業也沒有發願，就會隨念往生。我們學佛的人雖然知道要發願，而且在往生以前就已經發願，可是如果平常發願不懇切，沒有形成習慣，只有在打佛七或參加共修時跟著大家念，根本不了解什麼叫作發願，那只是種種善根。臨命終時，很容易就忘掉了，與願力不相應，可能連念佛的時間、機會都沒有，到時就是隨臨終的念頭而往生了。

臨終時，如果是非常強烈的貪念，首先可能會生到畜生道，再來是餓鬼道；如果是瞋心很強的人，首先則可能是畜生道，再來是地獄道。因此，死亡時的念頭非常重要。

臨終時的念頭可能與你的習慣有關，此時就是隨習往生。習就是平常的習慣，臨死時，會產生很大的力量，十分可怕。

所以我們平時要養成念阿彌陀佛的習慣，煩惱一出現就念阿彌陀佛，常常保持自己的正念。妄念、邪念、惡念出來，要慚愧、懺悔、念阿彌陀佛，不斷改善自己，這樣與人相處時，自然就會生起慈悲心，並且把所有的人都當成菩薩看，以感恩、感謝的心來對待。此外，還要常常想到四福：知福、惜福、培福、種福；還有四要：需要的不多、想要的太多、能要該要才可以要、不能要不該要的絕對不要。不然臨終時，還在想這個、那個，不應該要的、不能要的還在要，根本想不起來要念佛。

有人看兒子、媳婦不孝順，不捨得把錢給他們，就把錢鎖在保險箱裡，臨終時還把保險箱的鑰匙緊緊握在手上。這時連身體都已經不能要，還要那個東西做什麼？這就是生前養成守財奴的習慣，所以放不下。

活著時養成各種各樣的習慣，臨終時很麻煩，所以，我們要隨時反省檢討自己的習氣，盡量將它轉變成念佛的心、慈悲的心、布施的心、多結人緣的心、不生煩惱的心，並且常常懺悔、慚愧。一旦養成這種習慣，臨命終時自然而然也會生起慈悲心、慚愧心、懺悔心，即使有瞋恨或貪欲的念頭出現，也會念一句阿彌陀佛。這時就算是已經快到地獄邊緣了，或者是已經進入地獄裡，若還能提起一句佛號，馬上就能離開地獄。念佛就是懺悔，只要有慚愧、懺悔，一定出三塗，也就是不會在三惡道裡，因此我們平常的工夫非常重要。

過去有一個老菩薩，住在農禪寺裡做義工，後來因為身體不好，堅持搬了出去。雖然搬了出去，但還是經常回來做義工。這個菩薩心裡只有佛，當時有人勸他：「你是大陸人，應該去大陸玩一玩、看一看。」他說：「阿彌陀佛！我想去的是西方極樂世界，去大陸又不能幫我到西方，有什麼用？我已經把所有的錢都拿去做功德了。」

有一天，有人通知我們，說他倒在路旁往生了，目前在殯儀館裡。

雖然他往生時，沒有機會給他說法，但是像他這樣的一個人，保證往生西方。因為他在生前就是這麼懇切地相信能到西方、願意到西方，隨願、隨習，當然到西方去了。而且他身後有我們替他念佛、替他做功德，一定能到西方去，不用擔心他會墮落。

三、往生時保持正念最重要

在明白死亡的過程及往生的引力後，可知死亡時，最重要的就是要正念分明。雖然有那麼多的痛苦，而且因為沒有辦法呼吸，腦中缺氧，腦神經、腦細胞也要宣告死亡，頭腦裡什麼都沒有了，這時唯一可以依靠的就是念力或願力。

不要緊張、不要恐慌，也不要捨不得子女孫兒、鈔票股票、房子財產，如果都放不下的話，也會捨不得身體。死的時候還在說：「我不甘心！我不甘願這麼早就死，雖然已活到九十歲，但有人活到一百歲，我為什麼不能活到一百歲？」就是這我不甘願、我不想死和我想多活一點的念頭，讓你往生西方的願心發不出來，正念也提不起，就會隨重或隨念、隨習往生。

如果在死亡的過程之中，能保持「照見五蘊皆空」，覺得五蘊和合的身體是空的，無論出現什麼感覺都不管它，反正死亡就是如此，要像我常常講的：面對它、接受它、處理它、放下它。若能用這種態度，就是般若的智慧。

四、往生後的世界

往生以後的世界到底是怎麼樣？

有一對夫妻非常恩愛，每天都在山盟海誓。有一天，太太突然害病死了，先生心裡很難過，日夜思念卻又夢不著她，於是到處去問，最後遇到一位有神通的高僧，那位高僧勸他：「唉！人已經死了，她有她的世界、你有你的世界，就不要再想她了，還是好好念佛修行吧！」先生不肯，執意要高僧幫忙找，高僧沒有辦法，只好對他說：「既然如此，我就帶你去一個地方。」

高僧帶先生來到郊外，指著路邊的牛糞說：「你看到牛糞裡的兩隻蟲嗎？其中一個就是你的太太。」只見那兩隻蟲一前一後，一個跟一個，好像很有趣味地在那邊鑽。他高興地說：「那我也要變成蟲。」於是高僧就暫時把他變成一條蟲了。

先生變成蟲後，也進了那一堆牛糞，但是太太不但不認識他，還找了另外一隻蟲合力打他，要把他趕走。先生連忙講：「我是你丈夫，你說過要永遠愛我的，所以我來了。」太太說：「我才不認識你，我和我先生恩愛得很，不要胡說。」兩隻蟲又連合起來打他。高僧趕緊把他救回來，等他還魂變回人後，問他：「你還要去嗎？」他說：「再也不去了，她才死沒多久就不認識我了，真是薄情寡義。」

世界上有很多人就是那麼愚癡，這一生在一起，就希望下一生、生生世世永遠在一起，那是受民間信仰的影響。民間信仰認為人死了以後可以團聚，譬如宗祠，同一家族的人，死後都葬在同一個區域，一代一代下來，整個家族就會團聚了。但是佛法認為，各有各的因緣、各有各的果報，人死之後，如果有大福德、大善根，很快就生天或轉生為人道；如果有極重罪業的人，譬如十惡五逆，死了以後很快就進入餓鬼道、地獄道去。如果有惡業也有善業，就要看因緣是什麼，哪一類先成熟就轉生到哪一類。

死亡以後，在還沒有轉生之前，也就是在等待因緣的時候，稱為中陰身。中陰身的階段，據說是四十九天，如果不投生，就是在鬼道。鬼道裡有福報的近乎於神，比較自由，甚至成為地方上、地區性的神祇，譬如土地公、城隍爺。沒有福報的則以氣為身體，只能依草附木，在這裡待一待、那裡躲一躲，沒有一定的型態。人間唯有因緣成熟的人才能見得著他們，即使是自己的親人也是一樣；而鬼道眾生要再轉生，必須等待因緣成熟。

善根深厚者可以轉生為人，善根不深則可能變成畜生；轉生時並不知道要進入畜生道，但當變成畜生時，又已經忘掉自己原來是什麼，所以在中陰身階段需要超度。超度的確有功能，他們來聽聞佛號，可能隨著念也可能只是聽，光只是聽，對他們就很有用。譬如我現在講開示，你們用心聽，由於你們的心在聽，跟你們有緣的，像祖先、過世的親友或怨親債主，會因為你們的關係而得到力量。至於講的內容，善根深厚的可以聽得懂，善根不深的雖然聽不懂，但是由於你們和他們的關係，還是能得到力量。即使有的人只是寫牌位，沒有來念佛，但是由於誠心、布施心、供養心，同樣能產生作用。

即使已經轉生，超度還是有用。已經轉生為人的，可以增加他們的福德、健康和善緣；已經往生西方極樂世界的，蓮花的力量可以強一點，也可以早一些見佛；已經生天的，天福也會比較長一些、大一些。至於已經在地獄裡的人，要超度很難，連目犍連尊者這樣神通第一的阿羅漢，要救他母親都很困難了，何況是我們一般人。但根據《盂蘭盆經》，若做大供養、大布施，特別是供僧、供養三寶，再加上自己大修行，還是會有一點用處。

五、往生前的準備

但最好還是活著時自己修行，死後等人超度，機會非常渺茫，也非常不可靠。一來生死畢竟兩隔，親人為你做的功德與你的心不容易結合，力量很有限。二來你的兒孫、親友也未必會超度你；因為親友往生，人們慌亂之際，很容易就隨習俗供幾碗菜、燒燒紙錢來表示心意。

我們不僅要自己念佛，還要勸其他人一起修行，特別是父母，這樣往生的時候，內心與佛是相應的，若再加上親友一起念，一定能與佛相應，往生西方極樂世界。勸父母念佛，是最孝順，也是最好、最恭敬的禮物，這要比一天到晚噓寒問暖，或每餐給他們吃山珍海味更好，因為念佛是長遠的。

所以，諸位參加念佛共修，不管是整天念，或是只念一炷香，即使一炷香之中只跟著大家念了幾句佛號，都有無量的功德。不過還是要盡量想辦法多念，不要浪費一秒鐘，專心一意地念佛，養成習慣之後，自然而然在任何時間都在念佛。臨命終時，不論是在什麼樣的狀況下死亡，你的心都會提起佛號，與佛還是會相應，保證可以到西方佛國淨土。

印度有一位聖雄甘地，他是被暗殺死亡的，被刺殺的當下，念了兩聲他所信仰之最高神祇的名字，這就是信仰心的表現。他是那麼誠懇虔誠，平常早已經與他的信仰合而為一，時時刻刻相應著，所以任何時間死亡對他來講都相同。

佛七是養成念佛習慣最好的時間，但是不要一解七就不念了，果真如此，更遑論臨終了。所以，諸位要隨時提醒自己念佛，念念不斷地念；不管嘴上念不念，心裡不要忘掉了佛號。不管是任何時間，發生任何的狀況，一出口就是一句佛號，這是最保險的；如果不應該死，就能逢凶化吉，如果壽命已盡，也會往生西方極樂世界。

有一些人很奇怪，聽說念阿彌陀佛很好，就跑來念阿彌陀佛，明天聽說念地藏菩薩有用，就念地藏菩薩去了，後天聽說念藥師佛才能夠治病，馬上又念藥師佛去了，後來聽說來了個喇嘛、活佛，有什麼法、什麼咒，念了以後就會如何如何，結果又跑去修那個法了。這樣會把自己弄得很複雜，任何一個法門都不熟悉，臨終時不知道要念什麼。一下想念藥師佛求壽，一下想念阿彌陀佛求佛接引，一下擔心死了以後到地獄去，又想念地藏菩薩，最後可能一句也念不出來了。要養成隨時隨地都能脫口而出，就是一句「阿彌陀佛」。

（選自《聖嚴法師教淨土法門》）

為什麼要做佛事？

一、前言

你們是為了慎終追遠、報答親恩，或是為了超度眷屬、紀念故友，或是為了植福延壽，消災免難等等的因緣，來做一番莊嚴而隆重的佛事；你們花費了很多的物力、財力和人力，來成就此一善舉，但是，真正做佛事的意義，你們完全了解嗎？請你們細心地把這篇文章讀完，那麼，這堂佛事，就更有意義，更有功德了。因為這裡面將向你們介紹佛事的定義、佛事的用處、死亡的問題、亡靈的性質，以及誦經、禮懺、放焰口等的意義。

二、什麼叫作佛事？

廣義地說：凡是做的是信佛之事、求佛之事、成佛之事，都叫作佛事。佛說人人都有成佛的可能，只要你能信仰佛所說的成佛方法，依法實行，必將可以成佛。所以佛事的範圍有狹有廣，所謂「佛法無邊」，就是廣義成佛的方法之多，多得不勝枚舉，例如：拜佛、念佛、行善止惡，說佛所說的話，行佛所行的事。要做到「持一切淨戒，無一淨戒不持；修一切善法，無一善法不修；度一切眾生，無一眾生不度」，換句話說，就是「諸惡莫作，眾善奉行」。也就是積極地自救，尚要積極地救人。

因為佛教主張成佛要從建立一個完美的人格開始，所以先要勸人不殺生、不偷盜、不犯他人妻女、不欺誑、不酗酒，這與儒家的五常：仁、義、禮、信、智，非常相近。進一步要使人成為超出於凡夫之上的聖人，佛教所說的聖人，是指解脫了人間種種苦惱的人，例如：生與死、老與病等等，這些苦惱解脫以後的境界，便是佛教的目的。

如何達到解脫生死苦惱的目的，那就要信仰佛所說的方法，照著去實踐。看經、誦經、聽經，便是看的、誦的、聽的解脫生死乃至成佛的方法。所以，真正的佛事，是要大家自己來做。

但是，對於不懂佛法、不會修行的人們，遇到他的父母親友死亡時，在沒有辦法之中，只有請出家人代做佛事，的確也有用處。本文中所講的「佛事」，大部分便是側重於這種狹義性方面的說明。

三、請出家人做佛事有什麼用處？

出家人是修持佛法的人，也是弘揚佛法的人；是職業的修行者，也是職業的弘法者。因他們做的佛事有功於人也有德於己，你供給他們的生活所需，使得他們安心地做佛事，你也就間接地有了功德。所以佛說出家的僧尼，是眾人的功德福田。

本來出家人的職責，並非專為超度亡靈，甚至可說，出家人要超度的主要對象，是活人而非死人，雖然佛法的修行者，的確重視臨命終時的補救法門。

四、臨命終時怎麼辦？

人，當在出生的時候，就已決定了死亡的命運，所以，生的情景未必可喜，死的情景也未必可哀。以佛法來說，若不出離生死，都是可憐憫者！

因此，信佛學佛的人，平日所做的佛事，在臨命終時最能得力。平日修行有素，命終之後，必可出離生死的凡界，往生佛國的淨土。

人死之後的去向，有三種力量來決定他的上升或下降：1.隨重，隨著各自所造的善惡諸業中最重大者，先去受報。2.隨習，隨著各自平日最難革除的某種習氣，先到同類相引的環境中去投生。3.隨念，隨著各自臨命終時的念頭所歸，而去受生六道，或生佛國淨土。

由於如此的原因，佛教主張人們應當諸惡莫作、眾善奉行，應當革除不良的習氣，應當著重平日的心念，乃至念念不忘佛、法、僧三寶，念念要將自己所做的一切功德，做為往生佛國淨土的資本和道糧。

學佛的工夫，主要是靠平時的修行——皈依三寶，受持五戒，供養布施，禮懺誦經，救濟貧病，造福社會。假如平時沒有進入佛法，臨命終時，尚有一個補救之道，那就是根據「隨念往生」的道理，勸他一心念佛，勸他萬念放下，切切不要怕死，切切不要貪戀家屬親友和產業財物，切切不要心慌意亂，應該一心念佛，念「南無阿彌陀佛」，若已無力出聲念，則在心中默念，他的親屬如果真的愛他，那就不可在他彌留之際放聲大哭，因為那只有使他增加痛苦和下墮的可能。並且要勸大家陪伴念佛，使得臨終之人的心念，融洽於一片虔敬懇切的念佛聲中。若能如此，死後當可往生佛國淨土，若其壽數未盡，也能以此念佛功德，使他早日康復，福壽增長。

人將命終，或坐或臥，側臥仰臥，均以他自己感到舒適為宜。若已昏迷而尚未斷氣時，切勿因他有便溺沾身就給他洗澡或擦拭，以免增加他的痛苦瞋惱而影響到死後的去路。命終之後，鼻息雖斷，只要尚存一絲暖氣，他的神識仍未脫離肉體，故須經過十二小時後，才可為他浴身更衣。若用火化，最好是在經過二十四小時後。

五、亡靈是什麼？

人死之後，若不超凡入聖，一般說來，便成了亡靈。現在說到超度亡靈，先要說明亡靈的性質。人死之後的生命主體，稱為亡靈。民間一般的觀念，認為人死之後即是鬼，而且永遠做鬼；在我們佛教，絕不接受如此的觀念，否則，就談不上超度兩字了。佛教看凡界的眾生，共分為天、人、阿修羅、鬼、傍生（牛、馬、蚊、蟻等動物）、地獄等六大類，在此六類之中生來死去，又死去生來，稱為六道輪迴，所以，人死之後，僅有六分之一的可能成為鬼。佛教使人超出並度脫了這六道輪迴的生死之外即稱為超度。

但是，凡夫在死後，除了罪大惡極的人，立即下地獄，善功極多的人，立即生天界而外，一般的人，並不能夠立即轉生。未轉生的亡靈，卻不就是鬼，那在佛教稱為「中有身」或名「中陰身」，即是在死後至轉生過程間的一種身體，這個中陰身，往往就被一般人誤稱為鬼魂，其實它是一種附著於微少氣體而存在的靈質，並不是鬼魂。

中陰身的時間，通常是四十九日，在這階段之中，等待轉生機緣的成熟。所以，人死之後的七個七期之中，親友們為他做佛事，有很大的效用。若以亡者在生時最心愛的財物，供施佛教，救濟貧病，並且稱說這是為了某某亡者超生而做的功德，亡者即可因此而投生更好的去處。所以佛教主張超度亡靈，最好是在七七期中。如果過了七期之後再做佛事，當然還是有用，但那只能增加他的福分，卻不能改變他已生的類別了。假如一個人在生作惡很多，註定來生要做牛或做豬，當他死後的七七期中，若有親友為他大做佛事，並使他在中陰身的階段聽到了出家人誦經，因此而知道了一些佛法的道理，當下悔過，立意向善，他就可能免去做牛做豬而重生為人了；如果當他已經生於牛群豬欄之後，再為他做佛事，那只能改善這條牛或這頭豬的生活環境，使之食料富足，不事勞作，乃至免除一刀之苦，被人放生；如已生在人間，便能使他身體健康，親友愛護，事業順利；如已生到西方極樂世界，也能使他蓮位的品級升高，早日成佛。

六、誰該做佛事？

一般人以為，做佛事是出家僧尼的事，其實，這僅說對了一半，因為，出家人固然要做佛事，如果你想得到佛法的受用，必須也要自己來做佛事。與其等到死後由親友們為你做佛事，何不趁活著的時候，親自做些佛事呢？

佛法的超度對象，主要是活人，如果平時不修行，臨死抱佛腳，功效雖也可觀，但已不及平時有準備的落實可靠了；如果自己不做佛事，死後由親友請了僧尼來代做，功效自然又差兩層了。所以《地藏菩薩本願經》中說：若由活人超度死人，死人只能得到其中七分之一的功德，其餘的六分功德，仍由做佛事的活人所得。

因此，我要勸你，既來佛寺請出家人做佛事，必定對佛教存有敬意，如果尚未皈依佛教，歡迎你早日皈依，皈依之後，再慢慢地理解佛法，如法修行，豈不更好？

來請僧尼做佛事，是為超度你的親友，或為安慰一下你對已故親友的懷念之心，所以這一佛事的主動者，就是你。佛法講求誠心，有誠心即有效應，誦經拜懺的出家人，固然要至誠懇切地做，你來請求他們誦經拜懺的心，也要非常地虔敬，要深深地相信他們所做的佛事，必能使亡者得到很大的利益。

佛法講求感應，感應的動力，就是至誠心，誠意的深淺，可以決定感應的大小，如人撞鐘，重重地撞，便大大地響，輕輕地撞，便低低地響。因此，同樣做一場佛事，所得的效果，則因誠心的差異而有大小不同。佛教主張大家親自做佛事的原因也在於此，所謂「各人吃飯各人飽，各人生死各人了」。由他人代做佛事，在受用上差得太多，所以萬一自己未及信佛學佛便亡故了，則以有血統關係的親人代做最好，所謂母子連心，在生時容易相互感應，死亡後的親情之間，也最能引發至誠懇切之心。所以，地藏菩薩在過去很遠的時劫中，曾經數度為孝女，每次均以至誠心為亡母做佛事，拜佛、供佛、念佛、求佛，感得佛或羅漢等的指引，而使亡母超度。

如果沒有骨肉至親，或者不是骨肉至親，那麼，與亡者生前有關係的人，要比無關係的人，更容易引發虔誠心，更容易產生感應的效果。

因此我要奉勸你，既來佛寺禮請僧尼做佛事，做佛事的中心者就是你和你的家人親友，而不是僧尼。僧尼做佛事是他們的日常功課，你做佛事是為了超度你親友的亡靈。照理，你和你的家人親友，都該參加誦經拜懺，如果不會的話，至少要在這天齋戒沐浴，摒除葷腥淫欲，專念「南無阿彌陀佛」。

七、誦經做什麼？

佛經是佛所說的信佛、學佛，而至成佛的方法。方法無邊，所以佛經的數量和名目也很多。在我們這裡，最適用和最通行的，則有《華嚴經》、《法華經》、《地藏菩薩本願經》、《藥師琉璃光如來本願功德經》、《金剛經》、《阿彌陀經》、《心經》等。

誦經的起源，出於印度釋迦佛的時代。當時的佛經，既沒有印刷本，也不用抄寫本，都是靠著以口傳口地口口相傳，所以，要聽佛的弟子們代佛說法，往往是聽他們將所曾聽過而已熟記的佛經背誦出來，自己要想熟記某一部佛經，也得下工夫把它背誦出來，到後來，誦經便成了學習佛法和宣傳佛法的基本工作。

但是，佛教徒為何要把某一部經，誦到爛熟之後，還要在佛像之前一遍又一遍地誦呢？這有兩層理由：

（一）是把佛經當作一面鑑察我們心行標準的鏡子

凡夫難保自己不犯錯，有時犯了錯，尚不能知錯改錯，但當面對佛像，口誦佛經之時，就同聽到佛在親口說法來教誡我們一樣，使我們一次又一次地策勵修行。已經犯的過錯，趕快改正；尚未犯的過錯，決心不犯；已經修的善功，努力增加；尚未修的善功，立志去修。這像一位愛美的女士，閨房中有了鏡子，出門時也要隨身攜帶鏡子，早晨照過鏡子，偶一動作之後又要再照鏡子，今天照了鏡子，明天、後天、大後天，乃至明年、後年，還是要照鏡子，那無非是為要保持或增加她面容的整潔美麗而已。

（二）是將誦經當作代佛說法的神聖使命

佛法的主要對象是人，除人之外，六道眾生之中，尚有天、神、鬼，以及少數的傍生或畜生（動物），也能信受佛法。所以，雖在無人之處，或在無人聽懂所誦的經義之處，只要有人誦經，就有異類的天、神、鬼、畜，來聽我們誦經。天、神、鬼三類的眾生，以及部分的傍生，均有或大或小的神通，我們誦經之時，只要專誠，即能感應他們來聽經。若你為你亡故的親友做佛事誦經，你的誠意初動，你那親友的亡靈，就已得到了消息，必定會如期前往聽經；亡靈的靈性特別高，縱然在生之時從未聽過一句佛法，死後聽經，也能依其善根通解信受。

八、拜懺做什麼？

拜懺，又稱為禮懺，就是禮拜諸佛菩薩，懺悔自己的一切罪業。凡夫的言語行動，如果加以深切仔細考察，可以說經常都在犯罪造業。凡夫的生死輪迴，即是由於各自所造的「業力」所牽引，如在過去世中不曾造下罪業，現在便不會再做凡夫，如果今生斷除了一切罪業，當下就是聖人的境界。

凡夫是很苦惱的，對於過去生中所帶來的罪業，無可奈何；對於今生已造的罪業，也無可奈何；從今以後要想不再繼續造罪，仍是毫無可能。因此，我們偉大的佛陀，即以大慈悲心，為凡夫眾生，說了一個懺悔罪業的法門。

前面所說的誦經，是讓我們對著佛法的鏡子來照，現在所說的懺悔，是教我們把自己的心放進佛法的水中去洗。拜懺的功用，即在於洗刷我們這顆染汙著罪垢的心。

所以，對佛懺悔，並不是求佛赦罪，而是求佛證明，向佛坦白自己所作的罪業，下定決心，不再故意作惡。對他不起稱為懺，對己認錯稱為悔。佛菩薩是如此地偉大慈悲與清淨圓滿，佛菩薩希望我們也成為偉大慈悲與清淨圓滿的聖人，而我們卻仍在自作自受的罪業中打滾，所以要懺悔。我們拜懺的作用，即是洗刷自己的罪業之心，好像是從沙裡淘金，漸漸地將沙淘去，就得著了黃金；我們向佛拜懺，漸漸地將罪垢懺除，就得著了清淨的解脫之心。

在中國的各種懺法儀規，是由許多祖師根據佛經編成的，最盛行的，則有梁皇寶懺、三昧水懺、大悲懺、藥師懺、淨土懺、地藏懺、千佛懺等。修這些懺法的人，歷代以來，均有很多靈驗傳載，的確可謂「功不唐捐」。

拜懺，最好當然是你自己親自來做，如你自己尚未學會，或者覺得拜得尚不夠多，禮請僧尼來做，或代你亡故的親友來做，自然也有功德的，其中的道理，則與誦經相同。

九、放焰口做什麼？

焰口，是指鬼道之中的餓鬼。鬼道眾生分為三等：1.在生之時，做了很多善事，若投為鬼，便成福德大力的多財鬼，一般人所信的城隍及土地等神祇，即屬於此類的鬼神。2.在生時做的善事不多，若投為鬼，便成薄福少力的少財鬼，一般所信的鬼，多半就是此類。3.在生時慳貪吝嗇，一毛不拔，專占他人的便宜，若投為鬼，便成無福無力的餓鬼，一般人所說的孤魂野鬼之中，即有餓鬼。這一類鬼的食量極大，喉管卻極細，有了食物也難以果腹，何況由於業報的關係，他們很難見到食物，縱然得到了可口的食物，進口之時，卻又變成了臭穢的膿血，所以他們常受餓火中燒，烈焰從口而出，故名「焰口」。

佛陀慈悲，說了好多種神咒，例如〈淨業障真言〉，〈變食真言〉，〈開咽喉真言〉等。凡是依法誦持這些真言神咒之時，被召請前來的餓鬼們，就可仗佛的神通願力而飽餐一頓，飽餐之後，再為他們宣揚佛法，勸他們皈依佛、法、僧三寶，為他們傳授三昧耶密戒，永脫鬼道的苦惱，這就是放焰口的作用和目的。

因此，放焰口對於鬼道來說，等於是無限制的放賑，所以又叫作「施食」。如果你的亡者親友，並未墮落於餓鬼道中，放焰口就相同於代他們做了放賑濟苦的功德，所以也是有用。

十、人鬼之間的佛事

一般人誤將做佛事，看成專為死鬼而設的儀式。因此，我要再度地告訴你：佛法的主要對象是為活人而非死鬼，為亡靈超度，乃是一種補救的辦法，不是佛教的中心工作。

所以，做佛事宜在生前，死了人固然要做佛事，結婚、生產、禳災、祛病、祝壽、謀職、開張、交易、建造、安居、行商等等，也都應該做佛事。修功積德，行善致福，做佛事豈僅為了度亡而已？佛法能致現生之福，能致後生之福，能致人天富貴的世間福果，尤其能致福智圓滿的究竟佛果。

民間習俗，以為誦經拜懺，可給鬼魂在陰間當作錢用，又焚燒紙庫錫箔及冥票，給鬼魂在陰間增加財富。其實，佛法門中，沒有這種觀念。誦經拜懺是為亡者超度增福，亡者死了也不一定入於鬼道，鬼道的眾生也用不著人間給他們錢用，用錢僅是人間貿易的媒介物。焚化紙錢，也僅中國大約自漢、唐之世流行下來的民間風俗而已。

既然人死之後，若不解脫生死，也只有六分之一的可能生於鬼道，所以請你不要確定你的親友死後就成了鬼，你應以虔誠心祈禱佛法的加護，加護你的亡親故友，超生西方極樂世界，至少也該盼望他們生於人間或生於天上才是。

在中國大陸，尚有一種風俗，即是男人死了，要請和尚做一場「過渡橋」或「破地獄」的佛事，女人死了，則做一場「破血湖」的佛事。這在佛法中也無根據，佛教既不以為人死之後必墮地獄，何以一定要把新死的亡靈引到地獄中的「奈河」及「血湖」中去走一趟呢？

所以，我要奉勸本文的讀者，應當自己來做佛事，並當明白為何要做佛事？當做什麼佛事？

（選自《學佛知津》）

如何守喪

儒家的聖哲說：「父母在，不遠遊。」又說：「父母過世，三年不改其志。」這都是孝道、守孝的意思。現在，我們還是可以這麼做的。

所謂：「父母在，不遠遊。」是因從前交通阻隔，出去十天半個月，音訊渺茫，為了不讓父母擔心，所以不遠遊。現在我們把居住的地球叫作地球村，我們只是在同一個村中活動，並沒有遠遊，一上車就可以打行動電話給父母報平安；出了國，隨時隨地可以和父母通電話，話家常。

守孝三年，是說小孩必須仰賴父母照顧衣食三年，所以，父母去世三年內不改其志，做任何事，都要想父母是怎麼講的，我這麼做有沒有違背父母的遺志。還有三年當中，把父母棺材停在一處，不能移動，想像父母音容宛在；三年以後，可以把骨頭撿起來，重新改葬。

把握住這個主旨，目前規定的喪假四十九天已經算夠長的了，處理父母後事綽綽有餘。我們只要把父母遺體妥善處理，以莊嚴、隆重而又不浪費的禮儀來辦後事。然後，念念不忘地願他們在佛國淨土永遠修菩薩道。我們自己在父母過世後的四十九日中，要念佛，也希望他們能以生前的功德，或因他們生了我們這種對社會、人類、眾生有貢獻的兒女，而有很好的福報、果報，在西方極樂世界蓮花也開大一點，然後回到我們人間來，以菩薩身分度眾生時，他們的能力也強一點。這就是以佛教精神，配合中國孝道觀念，所發展出來的現代化守喪原則。

中國人喜歡罵人家祖宗三代。父母去世後，我們更要念茲在茲，不讓父母因我們而挨罵，所以，就要更加謹慎，努力地自我成長，相信父母在天之靈，或在佛國淨土的菩薩蓮花位上，看到我們這麼勇猛精進，他們會很高興、很歡喜。這就是孝道。

「守喪」最重要的是守住孝道精神，而不是守墓三年，或在家三年不出門，不剪頭髮，也不刮鬍子，披麻衣，持喪棒，儀表沒有威儀，這不是健康的作法。

另外，送葬隊伍蜿蜒幾公里，妨礙交通；鑼鼓喧天，麥克風製造噪音，妨礙沿路居民安寧。這在過去社會中，由於平日親朋好友難得相聚一次，藉著老年人的喪事，親朋自遠方來見一次面，所以，把喪葬禮儀安排得很熱鬧，確有其凝聚和調劑的作用。現代人已是天涯若比鄰，天天見面、通電話，各種娛樂節目從電視機的螢光幕上送到每一戶人家裡。若把送葬排場弄得太繁複鋪張，已不是哀榮，而是成了噪音和公害。

最近我有一位信徒的母親過世，收到幾十萬元的奠儀，幾個兄弟把它湊足一百萬元，再分成幾份捐給慈善團體，捐給慈濟功德會，也捐給我們法鼓山。像這種作法是值得鼓勵的，為他們的亡母做功德，造福廣大的社會大眾，是真正的孝道。

（選自《法鼓鐘聲》）

提倡環保的民俗節慶

民間的習俗節慶有很多陋習，如果不改善、不進化的話，人家會覺得我們很落伍。以臺灣的中元普度來講，整個過程中會燃燒大量的冥紙，根據臺北縣長（編案：臺北縣已於二〇一〇年改制為新北市）周錫瑋提到，去年（二〇〇六）七月份僅僅在臺北縣就燒掉了四億。實際上，臺北縣並不是燒得最多的，估算起來，全臺各縣市燒掉的數量非常龐大，整個臺灣就好像是一個專門燒冥紙的大金爐，這對我們的國際形象影響很大，如果國際人士問起：「為什麼你們要燒冥紙？」唯一的理由就是迷信。

燒冥紙無益亡靈

環保署調查，民間有百分之七十以上的人都知道不應該、不需要，也贊成不燒冥紙，但是因為左鄰右舍都在燒，自己不燒覺得不好意思，如此一來，燒冥紙的習俗相當不容易改正。我在這裡提出一個建議，首先，勸導寺院、道觀，包括佛教、道教，以及民間的土地公廟等逐年減少燒冥紙，慢慢地就能習慣不燒了。

舉例來說，我們位在桃園的分院齋明寺，是一間建於清朝、擁有三百多年歷史的古廟，我們剛接續法務的時候，廟裡有許多燒冥紙的金爐，因為燒的人多，需求量多，所以金爐一直增加。後來，經過我們慢慢地宣導，減少金爐的用量，到現在一個也沒有了。

究竟燒冥紙對亡魂有什麼用？有人說冥紙是陰間的錢，燒給他們好拿去買東西。可是陰間有買賣、有貿易嗎？人間有生產、有消費，陰間沒有生產，所以也無從買賣、無法消費，燒了等於沒有用，只是浪費。我們應該從精神、心理層面為他們做功德，或者是誦經、念佛迴向給他們，這樣對亡者才有用，否則的話，僅僅燒冥紙並沒有用處。

我認為推廣網路普度不僅非常現代化，也很符合現代人的需要。現代人都很忙碌，如果在網路上超度祖先親友，那就沒有數量和距離的限制，只要能夠在網路上達成超度的目的，所花費的人力、物力就會減少，同時，最重要的是合乎環保原則。

最初有人懷疑，在網路上超度，亡靈真的會去嗎？其實亡靈也好、祖先也好，他們都是精神體，不是物質體，不一定要坐交通工具，或是跑多遠的路，只要我們心念一動，請他們到某個地方，為他們超度、為他們紀念、為他們舉行儀式，他們就能夠感應得到。所以，我們只要有心，希望在網路上做超度，網路上呈現出的畫面是祭壇，那他們就會在網路上出現。所以，我贊成用網路來普度，而且不一定在中元普度，就是在清明、過年，甚至是平常的時候也可以做。從我們內心來講，同樣是表達慎終追遠的敬意，對亡靈而言，也可以得到同樣的功德，但是對整個社會環境來說，意義就完全不同了。

改良民俗節慶三層次

從我的立場來看，民間習俗節慶的改良，可分為三個層次：第一、站在文化的角度，可以把節慶變成民俗的文化祭典，藉此呈現出地方及文化上的特色。比如臺北縣某個廟的神，他的精神是什麼？為什麼被人崇敬？另外，為什麼要在特定時候祭拜祖先？因為這是漢民族對祖先的崇敬，所以要把崇敬祖先的文化呈現出來。只要一個縣市先做，其他的縣市也會跟進；而且要用獎勵的方法來讓寺廟主動去做，然後再配合政府的政策與法律的規定，我想這是可以做得到的。

我在日本的時候看到一個現象：日本早期原來的民俗跟臺灣差不多，但是戰後漸漸改良，凡是地方的民俗節慶都轉化成文化祭，視這個節慶代表什麼樣的精神，就將它表現出什麼樣的文化內涵。藉由文化祭凸顯出節慶的意義，以提昇它的層次，不僅僅是在民間吃吃喝喝或燒一些東西，而將它昇華成為一種藝術、文化，甚至是教育的活動，如此一來，更能達成觀光的效果，只要那個地方有民俗節慶，國際人士或是全國人民都會到那裡參觀。

第二、從環保的角度來看，凡是用火燒的東西都會汙染空氣環境。譬如冥紙是用稻草或竹子做的，燒了以後會產生致癌的微粒子；還有冥紙上的金箔、銀箔屬於金屬物質，燃燒後會釋放毒氣，除了汙染整個大氣層之外，無論遠近的人們，只要吸進隨風飄散的毒氣之後，都會受到影響，這是很不健康的。

現在我們每年燒掉的冥紙數量非常可觀，不僅會汙染空氣和水，在經濟上也會造成浪費。現今地球暖化的現象愈來愈嚴重，不要以為只有燃燒汽油才會有影響，燒冥紙也會，只要在自然界燒任何東西，都會讓暖化的程度提高。做為一個現代的地球人，應該要盡量保護地球，而為了保護我們的地球，最好都不燒冥紙。據統計，目前臺灣的空氣汙染指數在世界上名列前茅，若是民間能夠少燒一些冥紙，少製造一些汙染源，就能使地球暖化的速度減緩一些，這是功德一件，對我們未來子孫也是一樁好事。

第三、以宗教的立場而言，我們法鼓山也進行中元普度、清明時節舉行超度法會，但是我們不僅不燒冥紙，連香都不主張燒。現在的香都是汙染源，因為它的製造成分是一些會產生汙染的物質，燒了以後，空氣會變得很糟糕，特別是在小小的家庭空間裡燒很多香，會讓整個家庭受影響。所以我們主張供水果或是供飯菜，但不要燒香，如果一定要，就燒一支品質好的、煙少的香。現在公共場所都不准抽菸了，在家裡應該也要這樣。

尊重民俗，提倡民俗

所以，佛教是不燒冥紙也不燒香，法鼓山在祭典或法會時，則會在佛前上香，因為這是入鄉隨俗。漢人社會有漢人的文化、有漢人的需求，我們老祖宗幾千年來都習以為常地做，如果不做的話大家心不安，所以我們還是照著做。其實國外其他民族沒有中元普度，也沒有清明超度這種習俗、這種文化，但是他們也都很平安地度過。

例如要建房子，在破土動工的時候，都要先祭拜土地，之後大家才能安心施工，如果不祭的話，只要一發生公共安全問題，大家就會開始埋怨：「就是因為沒有祭拜，所以才會發生意外。」祭了之後會不會有公安事件發生呢？可能還會有，但是心理上總是認為祭過比較平安。這是一種民間信仰，我們尊重它，所以祭祀法會還是要做，但是不要汙染環境。

除了空氣之外，噪音也是一種汙染。例如以前送喪的時候很重排場，喪家、花車、樂隊等，一排隊伍長達幾里路，聲音很大，整條馬路都受到噪音的影響。其實送喪不需要有這麼大的排場。

總之，汙染環境的聲音，汙染環境的氣體，汙染環境的各種各樣東西，都應該減少、免除，加以改善，民俗習慣提昇了以後，國際上的觀光客到臺灣來，才會覺得臺灣是個有文化的好地方。

（選自〈創辦人語〉，《二〇〇七法鼓山年鑑》，二〇〇七年八月九日講於臺北縣政府「環保網路普度」記者會）

兩類超度亡與存

一、引言

因為清明報恩，許多人為先亡親友立牌位超度。所以今晚的開示是「超度共有兩大類」：（一）對亡靈的超度，（二）對生者的超度。

超度的意義是用佛法的理解和實踐、信仰和經驗，使人從苦難中獲得安樂，從危險中獲得安全，從束縛中獲得解脫。

有位從高雄來的居士，今天下午超度了我，因他見我既瘦且弱，有氣無力，工作又是那般繁重，相信我一定活得很痛苦，所以選送我一桶健康、衛生、很營養的精製清香油，讓我吃得健康起來。可知我是被他超度了，我也應該來超度你們。

二、超度亡靈

在一般中國人的印象裡，所謂超度做佛事，準是指的為亡者做念佛、誦經、拜懺、蒙山施食、焰口施食等的儀式，乃是以佛力超薦，使亡者往生佛國或轉生善道。

因此，對中國人而言，超度有兩種意義：（一）是為了隨俗，家中若有親人過世，習慣上應該延請僧尼或道士來念幾卷經，舉行幾次宗教儀式，方能覺得心安，否則不僅會遭親友議論，也似內心欠缺了什麼。請問這是為了超度活人，抑或是真為超度亡者？實在相當曖昧。為自求安心才延請僧道念經超度，此人不一定相信對亡者有用，只是不敢違背習俗。（二）是真為超度亡靈，相信佛法能使先亡超生離苦，在臨命終時為他助念。頭七期間，天天念經，七七之內，常做佛事，遍修供養，佛經中所說的道理及所稱的佛菩薩聖號，皆可使亡靈聽到、聽懂，將心中的怨恨、情結、放不下、捨不得及種種的執著，使之心開意解，不墮惡道而得上生善道，善根深的就能往生極樂世界阿彌陀佛的淨土，或依佛菩薩等的慈悲願力，薦拔亡者出離苦趣，此可以《地藏菩薩本願經》（以下略稱《地藏經》）所說為代表。

佛經中所見超度亡靈的方法，可以例舉兩則如下：

（一）《盂蘭盆經》，此經是世尊為目犍連尊者超度其已墮餓鬼道中的亡母而說。超度的方法，是於七月十五日僧自恣時，「具飯、百味五果、汲灌盆器、香油錠燭、床敷臥具，盡世甘美以著盆中，供養十方大德眾僧。」「其有供養此等自恣僧者，現在父母、七世父母、六種親屬，得出三塗之苦，應時解脫，衣食自然。若復有人，父母現在者，福樂百年；若已亡七世父母生天，自在化生，入天華光，受無量快樂。」這是以七月十五日供僧功德為超度先亡的佛事，並未在供僧時要求僧眾為亡者誦經念佛。

（二）《地藏經》在中國佛教圈中，流傳得相當深廣，因其提倡孝親思想，又提倡慎終追遠、超度亡親的法門，故也特別受到以儒家文化為背景的中華民族所推崇。在《地藏經》卷上〈忉利天宮神通品〉有云：「閻浮提造惡眾生，新死之者，經四十九日後，無人繼嗣，為作功德，救拔苦難，生時又無善因，當據本業，所感地獄。」《地藏經》卷下〈利益存亡品〉又云：「若能更為身死之後，七七日內，廣造眾善，能使是諸眾生，永離惡趣，得生人天受勝妙樂。」又云：「冥冥遊神，未知罪福，七七日內，如癡如聾……是命終人，未得受生，在七七日內，念念之間，望諸骨肉眷屬，與造福力救拔，過是日後，隨業受報。」這都是說明，人在死亡後的四十九天之內，希望能有親友眷屬，為之祈福超度，過了這段時日，則已轉生，隨業受報去了，超度雖仍有些用處，但已不立即有用。

特別是在頭七期內，更為重要，《地藏經》卷上〈如來讚歎品〉云：「假令諸識分散，至氣盡者，乃至一日、二日、三日、四日，至七日已來，但高聲白（宣布為亡者修福行善），高聲讀經，是人命終之後，宿殃重罪，至于五無間罪，永得解脫。」此乃說明人死之後在頭七期間超度最好。

不過，最有效的超度是在生前自己修行，所以《地藏經》卷下〈利益存亡品〉云：「命終之後，眷屬小大，為造福利，一切聖事，七分之中而乃獲一，六分功德，生者自利。以是之故，未來現在，善男女等，聞健自修，分分己獲。」若於生前尚未信佛，未修善法，死後七七之內的中陰身階段，才需要親屬代為修福超度。如在生前，早已信仰佛法，念佛迴向求願往生西方淨土，臨命終時，便有西方三聖——彌陀、觀音、勢至——一佛二菩薩來迎接引，親人善友為他助念，等於給他送行，使他信心增長，蓮位高升。故在諸經論中，無不諄諄教誨，人們當於在生之際，及時修行。

三、超度活人

超度活人，第一重要。釋迦牟尼佛成道之後，所說經法，諸部大、小乘經的主要對象，乃是人間的七眾弟子，其次是天神，故稱佛為「天人之師」及「人天教主」。

大乘經中如《華嚴經》、《法華經》的會眾，除了諸佛菩薩及二乘聖者，便是人間的七眾及八部天眾。三塗惡道的鬼、畜生、地獄的眾生，便無福報參與盛會。雖有《地藏經》卷上〈如來讚歎品〉曾說：「世尊……普告諸佛世界一切諸菩薩摩訶薩，及天龍、鬼神、人、非人等，聽吾今日，稱揚讚歎地藏菩薩摩訶薩。」可是此中的鬼神，是指多福鬼不是罪惡鬼或餓鬼，應被視為地居天及空居天。因此《地藏經》卷上〈如來讚歎品〉又說：「宣說地藏菩薩利益人天因果等事……為汝略說地藏菩薩利益人天福德之事。」《無量壽經》也是為了「開化一切諸天人民」而說。特別強調「利益人天」，這都表示佛法的超度主要是人；次要是天。

此在《增一阿含經》卷三十六，明言佛出世時，為人天廣演教法，得至涅槃，然而，眾生在地獄中、在畜生中、在餓鬼中、在長壽天者，都是「不聞、不睹」。《增一阿含經》卷二十六云：「諸佛世尊，皆出人間。」以人類的身體成佛，也以人類為其攝化的主要對象，所以佛的第一位在家弟子耶輸伽的父親是人，佛在鹿野苑初轉法輪所度的五位比丘弟子是人，佛的常隨眾一千二百五十位大阿羅漢全是人，乃至臨入涅槃之際所度的最後一位老弟子一百二十歲的須跋陀羅也是人。可見歷史上的釋迦牟尼佛，以及與佛相關的僧俗七眾，無一不是人類。即使是將來彌勒佛下生人間之際，他在兜率內院的那群弟子，也都要下生人間，以人類的身分，聽聞佛法，證解脫道。

對生者的超度，意思是運用佛法信解修證，超越三界的火宅，度過生死的苦海。

「火宅」的譬喻，出自《法華經．譬喻品》云：「三界無安，猶如火宅。眾苦充滿，甚可怖畏，常有生老病死憂患，如是等火，熾然不息。」故以羊車、鹿車、大白牛車，比喻佛說二乘、三乘、唯一佛乘的方便法及究竟法，來將眾生度離三界生死火宅。「苦海」的譬喻，出典有多處：（一）《法華經．如來壽量品》云：「我見諸眾生，沒在於苦惱。」（二）《楞嚴經》卷四云：「引諸沉冥，出於苦海。」（三）《大乘本生心地觀經》云：「常於生死苦海中，作大船師濟群品。」若從其前後因果來看，「火宅」是貪瞋等的煩惱，「苦海」是生死等的果報。眾生若不及時修學佛法，超脫三界的生死苦海，便只有永遠由於煩惱而造業，由於造業而受苦報，在受苦報之時又因有煩惱而造業，然後再受苦報，如此周而復始，生死流轉，就像是浮沉在無邊的大海中一樣。

在此茫茫的生死苦海中，如何抽身上岸，便不得不靠佛法慈航的救濟，那便是依靠佛說的三皈、五戒、十善、具足戒、菩薩戒，乃至戒、定、慧三學，以及六度、四攝，自利利他。

佛陀最初在鹿野苑說法，便是轉的苦、集、滅、道四諦法輪。知道有苦，便不再造作受苦的因，要想根本上把苦滅絕，就該修證八正道、三十七菩提道品，以及三學六度等一切法門，不僅自求滅苦，也要助人滅苦，自利者必會利人。以上所舉的專有名詞，請查佛學詞典，或看佛法概論及佛教入門等書。我們就是要學懂它們，運用它們，來自度度人。

四、念佛超度

最容易的超度法門是念佛，不論時地，不揀根機，只要念佛，便得利益，若以目的而論，西方彌陀淨土的念佛法門，不用諱言，確是以死後往生極樂世界為主。但是《阿彌陀經》也說，那是一部「一切諸佛所護念經」，「若有善男子善女人，聞是經受持者，及聞諸佛名者，是諸善男子善女人，皆為一切諸佛之所護念，皆得不退轉於阿耨多羅三藐三菩提。」念任何一佛，皆能罪滅除愆，消災免難，得現在利益，也得後世利益。《觀無量壽經》也說：「合掌叉手，稱南無阿彌陀佛，稱佛名故，除五十億劫生死之罪。」該經又說：「如是至心令聲不絕。具足十念稱南無阿彌陀佛。稱佛名故，於念念中，除八十億劫生死之罪。」又說：「若念佛者，當知此人即是人中芬陀利花（清淨蓮華），觀世音菩薩、大勢至菩薩，為其勝友，當坐道場，生諸佛家。」念佛的人，他的人格高尚淨潔，猶如人中的蓮花，當然便是自利利人的表徵了。《無量壽經》卷下有云：「其有得聞彼（阿彌陀）佛名號，歡喜踴躍，乃至一念，當知此人，為得大利，則是具足無上功德。」聞佛名號心生歡喜，乃至僅僅一念，也得無上功德，何況常常念佛，隨處念佛。

永明延壽禪師的《宗鏡錄》中，常常說到：「一念相應一念佛」、「念念相應念念成佛。」只要念佛，不論散心、專心，都有功德，專精一心當然好，散心念佛也不錯，只要想念就念，念念都好。一念念佛，一念即從惡業妄想獲得超度，念念念佛，念念都從惡業妄想獲得超度，有人是一分鐘的超度，有些人是一小時、一天的超度，諸位在此念七天佛，便是七天的超度。隨喜組的菩薩們隨喜一炷、兩炷香的時段中，口清淨、耳清淨、眼清淨，便是從閒言雜語、吵吵鬧鬧、眼花撩亂的塵勞世界，得到片段時刻的超度了。

至於求得永久超度，是指大悟徹底的大解脫人，那是要付出持久的長遠心，常行菩薩道，日日增長智慧，時時心懷慈悲，自度度人。

五、自度度人

迷人須仗佛度，悟人乃是自度，起步時可靠他度，既上了路，有了方向，就要學著佛菩薩的悲願，發願自度度人。我曾見有位老人，尚沒有努力念佛修行，我去勸他，他卻說準備讓他兒孫在他過世後來超度。我也認識他的兒孫，都很孝順，我問他們的意見，他們幾乎異口同聲地回答：「當然是應該的，到時候要拜託師父您來誦經念佛，替他老人家超度。」他們都指望出家師父給予超度。

此次是打的清明報恩佛七。報什麼恩？報所有一切恩，主要是親恩。以何相報？以超度來報恩，超度誰呢？超度亡靈，也超度自己。實則是由於超度自己的念佛功德，使得已故的親友先亡，也獲得超度。不僅超度了自己，超度了亡靈，其實由於諸位的修行，改善了你的身、口、意三業的行為，回家之後，或在工作場所，也會以智慧及慈悲影響與你們相關的每一個人，所以也連帶著超度了日常生活中的親友及同事們，真是功德無量。

打完佛七，回到原來的生活中。你們自己的觀念、人格、言語、舉止、待人接物，都要帶點念佛人的味道，那是智慧、慈悲的精神，那便是表現了自己被超度也能超度人的化世功能。

（選自《念佛生淨土》）

真正的自由

有人問過我，這一生之中，有沒有什麼遺憾的事？如果馬上死了，還有什麼事要交代？對我來講，我曾經犯過無數的錯，但這不是遺憾，因為無知，所以犯了錯。而我不會再去犯曾經犯過的錯，也就沒有遺憾了。

至於有沒有想要做而還沒完成的事？的確是有無數的事想做，卻還沒做。這些年來，我們每年都會推出一項社會運動，例如，我們率先對於民間大拜拜、大燒香、大燒紙錢或大放鞭炮等習俗提出改革，過去臺灣民間常見從一村吃過一村，從這個鎮吃到那個鎮的大拜拜習俗等情況，現在都已經漸漸減少了。

另外，幾年前還推動一項「心」五四運動，就是從「心」開始的新生活運動主張。像現在社會上普遍知道的「四它」：面對它、接受它、處理它、放下它，或是「四要」：需要的不多，想要的太多；能要、該要的才要，不能要、不該要的絕對不要等等。我們這個團體裡有幾十萬人經常在用，成為日常必需的一種生活方法。

去年（二〇〇七），我們推出「心六倫」運動。因為中國古代的「五倫」，在今日社會已經不適用，有些觀念顯得八股、守舊，新世代的人，尤其是年輕人，大概不容易接受，所以我們透過電視、報紙、雜誌等媒體，來推廣「心六倫」運動。

今年，我們則倡導「好願在人間」運動，呼籲大家一起來許好願、做好事、轉好運。然而，這些社會運動並不是僅僅推動一段時期就夠了，而是要持續、普遍地推廣下去。

這個世間是非常有限的，然而，在我的心中，我的願是無窮的，只要對社會是好的，是社會需要的，我都願意去做，一項一項地做。若是我個人無法做的，我呼籲大家一起來做；在我這一生做不完的，希望再來人間繼續推動，繼續廣邀大眾一起參與。所以，我這一生，沒有遺憾，但是我的心願永遠是無窮的！

至於死後，我希望與佛菩薩在一起，之後，若是佛菩薩需要我到哪裡，我就去哪裡，或許這也是隨著我的心願而去。而我往生以後，別人對我做任何評論，這是別人的事，與我無關。單樞機主教曾說，死後不希望有人送花，不希望有人歌功頌德，也不希望鋪張、追悼。在過去，羅光主教往生，我去憑弔時，看到他的棺木停在一個大廳裡，其餘什麼也沒有，這是個非常好的示範。但是在佛教界，過去有些例子顯得比較鋪張，靈堂布置得富麗堂皇，並且舉辦追思、傳供。傳供就是集合很多長老法師來供養十道齋菜，然後一道一道地傳，可說是身後哀榮了。但是我死後，這些都不要。

我早已預立遺囑，而且經過律師和法院的公證；我個人沒有財產，我的著作歸屬於教團；我的遺體用薄薄的木板封釘就可以了，火化以後，既不設牌位、不立碑、不建墳，也不需要蓋一個骨灰塔來占位置。

法鼓山上有一處「臺北縣立金山環保生命園區」（編案：今為「新北市立金山環保生命園區」），是一座植葬公園，這是由法鼓山捐地給臺北縣政府，再由臺北縣政府交由法鼓山管理維護。所謂植葬，就是把骨灰分成好幾分，分別放入散在公園各處已經鑿好的幾個地穴之中，這樣就不會讓後人執著地認為，某塊地方是自己眷屬或親人的。

不論任何宗教或民族，只要願意把骨灰植葬在這個公園裡，我們都接受，而且植葬的過程中，也不會有宗教儀式。到公園來的人，不准獻花、燒紙、燒香，或是點蠟燭，就只是憑弔。其實人死了以後，就在這個世界消失了，或許暫時會有人記得，但是過了十年、二十年以後，人們就忘掉了。過去厚葬的作法並不文明，也不經濟，非常浪費，即使你有個很大的墳墓，再過五十年、一百年以後，還是會被忘記，例如中國的秦始皇等君主，他們的墳墓現在只是變成觀光景點，而不是真正去紀念他。

現在，法鼓山上的環保生命園區才開放沒多久，已經有幾十位往生者植葬了，十年以後，可能會有數千人以上。如果有人來憑弔，那就數千人一起憑弔了。未來，我的骨灰也會植葬在這個公園中，這裡就是我的歸宿處，所以我死了以後，骨灰也可以做為肥料，因為公園四周種了綠竹，將來還可以生產綠竹筍，而骨灰也就變成肥料了。

因此，希望我們的作法能形成一種風氣，也希望日後能夠有名人或高僧大德一起這麼做，讓我們的社會真正走向一個文明的時代。

（摘自《真正的自由——聖嚴法師與單國璽樞機主教的對話》）

第四篇

認識佛教生死觀

生命與死亡、學問與生活

（一）生死問題

中國民族一向均有「死生有命，富貴在天」的達觀態度，可是，現代的中國人，卻對生命及死亡的問題，多有茫然失落的空虛感。

生命的事實，原本不是偶然的現象，更不是無可奈何的存在；死亡的事實，原本不是突發的現象，也不是悲哀無助的毀滅。有生必有死，乃是同一件事的兩種現象。平常人的貪生怕死，是因為不知道死亡之後的去處；少數人的厭生求死，是因為不知道死亡之後的責任並沒有結束。

思想家們能夠以坦然的心情看待死亡，是因為發明了他們的哲學觀念。例如孔子說：「未知生，焉知死？」是主張以現有的生命最重要，不必追問生前是什麼，也不必憂慮死後會怎樣。

又如莊子說：「方生方死，方死方生。」生與死是相對的，也是相成的，本身是相即而不相離的，所以莊周夢為蝴蝶之際，不知是蝴蝶變成了莊子，還是莊子變成了蝴蝶；又於喪妻之後的莊子，鼓盆而歌，因為人生是從虛無而有氣質形體，再從而變化，回到死亡，休息於天地之間，所以不必為之哀泣。

又如《列子．楊朱篇》，以為人沒有不死的道理，不過既生為人，即應順其生長發展，不必有長生及速死的想法。

至於佛教主張，人的生命是由於過去世的業力及願力；一般凡夫由於業力的牽引，出世的聖者由於乘願再來。凡夫的死亡，是為了去接受另一生命階段的罪報及福報。今生造惡業，死後受三塗苦報，今生修善業，來生受人天福報。苦報受畢，還生為人，福報享盡，還墮惡道。唯有及時努力，死後可保福報，唯有放下自私的我，方能解脫生死的苦惱。

從佛教的觀點看生命的事實，既是權利，也是義務。由於過去世的積德修善，才有此一人生的生命。應當享用這份得來不易的權利，必須做你應做想做的事，自利利他的事，故不得輕言放棄這份權利。

此一生命，也是由於過去世的造作惡業而感得的苦報，等於前世欠債，今生還債，若不履行還債的義務，便是無賴，將會債上加債，愈欠愈多。故對生命過程中的苦與樂、逆與順、成與敗、得與失、壽與夭、健康平安與多災多難，都應面對現實接受它，同時也面對現實來改善它。

（二）談父母心中對生與死的認知——如何教育兒女有關生命的意義

有了兒女的人，當對生命的價值及死亡的意義，有正確的認知。對於生命要充滿了希望的信心，對於死亡要做好隨時的準備。為了隨時做好面臨死亡的心理準備，便得珍惜現有的生命，善待生命，善用生命，多做智慧的充實，多做福德的種植，以這些成果來面臨死亡、通過死亡，做為進入另一個生命階段的資本。

做父母的人，當兒女知道學習思考的時代開始，即應教給他們有關生命尊嚴及死亡事實的正確知識。告知生從何來，告知怎麼妥善地享用生命，成長自己。告知死將何往，告知死亡並不可怕，只是像走了一天路的人，夜晚需要躺下睡眠休息，那是為了準備明天還要繼續向前走。一程又一程，直到解脫生死，乃至成佛，得大自在。

做父母的人，至少要讓兒女了解，人的生命的出現和存在，有其一定的原因，人生的死亡和消失，有其一定的去處。並不是毫無來歷地生到人間，也不是死了便一了百了地到此為止。

（三）如何紓解現代人在生活上的壓力、家計的壓力、工作及課業的壓力

生活的壓力，是由自我與社會環境及自然環境的對立所造成；家庭生

計的壓力，是由經濟條件的收支不能平衡所造成；工作及課業的壓力，是因個人智能稟賦以及缺乏安全感所造成。其實，如能不受外在環境的現象所影響，不論是正面的影響或負面的影響，心理的壓力就會自然消失，若能有樂天知命的修養，不論遇到順境和逆境，都能淡化與美化。

如果能有自知之明的修養，那些壓力，就會隨著自知程度的深淺而相對地減輕減少，乃至沒有壓力。自知什麼？包括自己的先天資稟、學習能力、意志力、體能、財力以及社會資源，加上時機的所謂命運福報，便能選定方向，盡其在我地從品德、才能、知識等各方面不斷努力，充實自己，成長自己，但求耕耘，不論收穫，你的壓力感，就會漸漸地消失。

對社會環境及自然環境，不失望也不奢望，盡力而為，順應自然。對經濟問題，開源節流，量入為出，不浪費，當節儉，須常有危機感，但不要有恐慌感。享受人生，並不是耽於物質的欲望。貧窮不是恥辱，惜福乃是美德。

工作及課業，能優則優，不能優也並不等於走投無路。能擁有健全的人品、健康的身體、愉快的心境，才是人生的資本。不要盲目地被環境的風氣，傷害到你的身心，相反地倒應該影響他人，向你學習，如何地享用人生。

（四）學思與現代生活——如何以美好的明天，來面對我們的生活、面對我們的生命、面對我們未知的未來

「明天總是好的」這個觀念，必須建立在「現在就是最好的」立足點上。既然現在就是最好的，生命的本身，不論是目前和未來，必然都是最好的。

現在真是最好的嗎？不論從客觀面及主觀面來看，若用比較的態度衡量，就不一定了。若從佛學的思想層面看，只要能夠肯定自我的生命體，是跟無限長的過去世及無窮遠的未來世連綿不絕的。現在的價值，不論是苦是樂，是成是敗，都是最寶貴的，最可珍惜的。因為能夠善用「現在」，對過去負責，也對未來負責，正好是一邊清償積欠的舊債，一邊又

在積儲功德及智慧的財富。像這樣的關鍵時刻，誰還能說不是最好的階段呢？

如果我們有了這樣的學思認知，必然能夠接受每一秒鐘的現在，珍惜每一口呼吸的現在，也能懷著十足的信心和無上的願心，迎接光明的未來。為什麼？因為未來當然也是最好的，以最好的心態，享用最好的現在，當然每一步都是在迎向最好的未來。

（選自《禪門》）

死亡並不可怕

佛教認為人生有生、老、病、死等各種痛苦，一般人很容易誤解這是在散播悲觀主義。事實上，在佛教的觀念中，身體上生、老、病、死的變化，只不過是假相而已，學習並實踐超越這些假相的方法，才是佛教教義的重心所在。

釋迦牟尼之所以能夠成佛，是因為他觀察、體會到，所有人都無法超越生、老、病、死。有生必定有死，生與死是一體的兩個段落，開始的時候是生，結束的時候是死。而且只要有生命，就一定會老，生命的過程就是一連串老化的現象。老化的同時，還會產生許多身體或心理上的疾病，直到最後死亡，誰都不能夠避免。

眾生在人間是受苦受難的，並非享福享樂。即使有時候感到快樂，也是苦多樂少，而且很短暫，不可能永遠維持。例如，為了吃一餐飯，我們必須先花上很長的時間來做準備工作，才能吃到豐盛的菜餚，但是享受美食的時間卻一眨眼就過了，所以快樂是很短暫的。

而且，苦與樂就像雙胞胎，不可能分開，樂的本身就是苦的結果，也是另一個苦的開始。兩頭苦的中間包含著樂，這就好像前後都是火，中間地帶雖然還沒有被火燒到，可是被兩面夾攻，仍然受到威脅。所以，樂的鄰居就是苦，俗話說「樂極生悲」，正在享樂的同時，就已經朝著苦的方向走了。

如果我們想要超越生命的痛苦，就要學著不被生死的問題所困擾或束縛。生死皆有因，生並不可喜可賀，死也並不無奈悲哀。貪生怕死是沒有用的，因為我們都在生死輪迴的苦海中，每個人都要面臨死亡，生命的過程就是如此，這是自然現象。所以毋須貪愛生、害怕死，貪生怕死只會造成痛苦，自尋煩惱。

我們要知道，死亡本身並不是一件可怕的事，死後還有另一個新的未來在等待著。就像白天工作太累，晚上非睡覺不可一樣，補充睡眠以後，第二天早上起床，又是嶄新的一天。

此外，生可以說是一個結果，利用這個結果，正好可以為死亡做準備。當我們死亡之後，世界上任何財產、名利都帶不走，只有業報隨身。所以，真正可以帶走的，是我們的慈悲心、智慧心和功德。因此，不必擔心死了以後會到哪裡去，看看自己現在有沒有「儲蓄」倒是真的。利用現在的生命好好養精蓄銳，在這個世界上多做些功德，多帶一些好的業報到來生，就不必害怕死亡了。這就像我們在鄉下多賺一點錢，再到都市來做義工，這不是很好嗎？

由此可知，佛教雖然強調從生到死都是苦，但並不像一般人所認為的那麼消極，相反地，還能夠幫助我們消融對死亡的畏懼。佛法教導我們積極地儲蓄功德，在人間先做好人間淨土的工作，往生時才能帶著功德一起前往極樂淨土，這才是我們最好的歸宿，也才能擁有永恆、真正的快樂。

（選自《真正的快樂》）

生與死的尊嚴

生與死，是一個廣泛而深入的題目。不同的人，有不同的看法、想法及立場。這個主題，在近三十年來，漸漸受到東、西方人士的重視，有許多的學者，從哲學、宗教、醫學等多角度的立場來探討；我則是從佛法的觀點與對佛法的認識，將我對生死的體驗及觀察，來加以說明。

認識生命的實相

（一）由生命的無奈、無所依賴及無所適從，轉變為生命的可愛、可貴與自我的肯定

很多人，對生命的感受是負面的，認為生命是無奈的、受罪的，是一種負擔，這是不了解佛法所造成的偏見。佛說：「人身難得，佛法難聞。」要開悟成佛，成就法身慧命，只有在人的生命過程中，用我們這個色身（肉體的生命），聽聞佛法、修行佛法，才能達成修行的目的。

或許很多人認為，修行是只能到佛國淨土去修，這種觀念其實是錯誤的。因為諸佛都是在人間修行成佛，不是以其他類別的眾生型態成佛。因此，必須先要有人的身體之後，才能發心，發菩薩心，修菩薩道，然後成佛。所以說，生而為人是最可貴的。

（二）生命的出生與死亡，關係密切，不可分割。出生之時已確定了死

亡的必然到臨。生未必可喜，死未必可哀，生命若無尊嚴，何喜之有？死亡若有尊嚴，又何必悲哀？

如果知道生與死是必然的過程，那麼，生命的本身就是尊嚴。因此，生存並不麻煩可憐，死亡也不需要覺得悲哀悽苦；而是要看我們對生存及死亡的態度而定。

如果生存、生活得沒有尊嚴，那死亡有什麼好可惜的？生命又有什麼可喜的？相反地，如果死得很有尊嚴，那死亡又有什麼值得悲哀的呢？

（三）生命的尊嚴，是從活得有意義、有價值、有目標之中來體驗和顯示

人的生命，就是生與死之間的一個階段、一個過程。生命的尊嚴，可以從倫理的關係、社會的角度、歷史的判斷、哲學的理論以及宗教的信仰等多方面來確立。

下面是從佛教徒的立場來討論生命的意義、價值與目標：

1. 生命的意義——從佛教的立場來看，生命是為了受報和還願而存在

的。過去許過的願，一定要實踐承諾；過去造的業，必須要受報。因此，也可以說生命是由於因果的事實而存在的。

2.生命的價值——生命的價值，並不是由客觀的他人來評估判斷、確立的，而是自己負起責任，完成一生中必須要完成的責任，同時盡量運用其有限的生命，做最大的奉獻。

每個人在世界上，都扮演著許多不同的角色，可能是父母、夫妻、兒女，也可能是老師、學生等，都必須盡心盡力、盡自己的力量，用物質的、精神的種種能力，奉獻於身邊的少數人，乃至於社會、國家、全世界的多數人，而不求任何回饋，這就是生命的價值；這種自利與利人的工作，便是在行菩薩道。

3.生命的目標——生命需要有個大方向，來做為自己永恆的歸宿。

佛教徒是要將自己所有的一切，都分享給他人，把所有功德迴向給一切眾生；同時要不斷發願，願能夠自我成長與自我消融，以圓融與超越的態度，做永無止盡的奉獻。如果建立了這樣的目標，不論人生是長是短，都是極有尊嚴的。

(四)生命與死亡是一體的兩面，所以生存與死亡，都是無限時空中的必然現象

1.生是權利，死也是權利；生是責任，死也是責任。活著的時候，接受它、運用它；結束的時候，接受它、面對它。

所以對於癌症末期的病人，我會勸勉他們說：「不要等死、怕死，多活一天、一分、一秒都是好的，珍惜活著的生命。」因為生存和死亡，都是無限時間之中的必然現象；不應該死的時候不應求死，必須要死的時候，貪生也沒有用。

2.生與死息息相關。每個人從知道有生命的事實那一天開始，就要有面對死亡來臨的心理準備。死亡的發生，可能是親友，也可能是自己，而且隨時都可能發生；這並不是讓我們恐懼死亡，用死亡嚇唬大家，而是如果從小就知道死亡這樣的事實，便能幫助我們智慧成長。

釋迦牟尼佛在年輕的時候，就是發現生、老、病、死的生命事實，才促使他出家修行，最後得到大智慧，進而拯救全世界人類。

死亡何時會發生，沒有人知道；因此，知道它會來臨，但是不必憂慮死亡的事實會在何時發生，只要是活著的一天，就珍惜生命，盡自己的責任，努力奉獻。

我有位在家弟子，他深信命理，曾請了多位相命師為他算命，都說他只能活到六十九歲，到了那一年，他把工作辭去，財產分掉，等待死亡的來臨。可是第二年仍然活著，於是很後悔地來問我說：「師父啊！我應該要死怎麼沒死呢？您知道什麼原因嗎？」

我說：「也許你做好事積了德，改變了死亡的時間。」

我利用這個機會勸他說：「不要怕死、等死，活一天就盡一天的責任及奉獻，不去管什麼時候會死，只要運用你寶貴的生命好好活下去。」

結果他一直活到八十六歲才去世。

生從何處來？死往何處去？

許多人從哲學和宗教信仰的立場，建立生與死的理論和觀念；也有人相信神通，用宿命通、天眼通，看過去及未來；凡此種種都只是人們的一種希望、看法和追求，其實並不可靠。

總體而言，泛神論的哲學認為生命來自於整體的神，死亡又歸於整體的神。唯物論的哲學，認為生死都是物質現象，生如燈燃，死如燈滅。

中國的儒家學者曾說：「朝聞道夕死可矣！」又說：「生死由命」、「聽天由命」，也就是說，生死是由命決定的，雖然孔子也說：「未知生焉知死。」但是事實上儒家並未進一步說明生命是什麼？

老子則說：「出生入死。」出生一定會入死；又說：「人之生，動之死地。」當人生的時候，死亡這條路已經開始在動了。因此，老子叫我們不必擔心生與死的問題，只要「尊道而貴德」、「夫莫之命而常自然」，也就是說，只要有道德，至於人的生死，讓它自然即可，這是相當有道理的。

西方的宗教，不相信人有過去世，他們認為人的生命是由上帝所創造、賜予的，死亡時也是因上帝的召喚而回天國去。一切由上帝支配，不必擔心著生與死，這也算是快樂又幸運的事。

佛教徒的生死觀

佛教徒相信有過去世的，但是，生從哪裡來？是否要透過神通去知道呢？不需要，因為過去的生命是無限的，無法追究一生又一生究竟是從哪裡來。佛教主張只要好好做最大的奉獻、最好的修行，其他的，該怎麼樣就怎麼樣，一切順其自然。

（一）生命是無窮時空中的一個段落

我們現世的這個階段，只是在無窮的、無限的生命過程中的一個段落而已。就如同不斷在旅行，前一天在臺灣，後一天可能就到了美國、香港等地，經常在不同的地方，出現又消失；生命也是一樣，當一期生命的過程告一段落，另一期的生命過程正等待著去接受。因此，死亡不等於生命的結果。

（二）生命是生滅現象，又分為三類

1. 剎那生滅——剎那，就是在極短的時間之中。我們的心理及生理，包括身體的細胞組織以及心念等，經常都是在生起，經常在消失，不斷地新陳代謝，不斷地變動，有生有死，有起有滅。

2. 一期生滅——從人的出生到人的死亡這個過程，一期或一個階段的生與死。

3. 三世生滅——包括無限過去的三世，無窮未來的三世，加上目前現在的三世。也就是過去的過去、未來、現在，未來的過去、未來、現在，現在的過去、未來、現在。而以這一生的現階段來說，前生、未來及現在，就是三世生命。

這樣的觀念和理論，能為我們帶來希望及安慰，也為我們指出在此生中，必須繼續活下去的理由。不應當死的時候，企圖以自殺結束生命是對過去不負責任，對現在不盡責，甚至可能擾亂未來的前途。

（三）生與死的昇華現象，分為三個類別，也可以說是三個段落

1. 凡夫眾生的分段生死——分段就是一個階段、一個階段，一個過程、一個過程，一生又一生；從生到死，從死到生。凡夫僅僅停留在這個階段，只有生死，沒有提昇生命的意義和品質。

2. 聖者的變易生死——由菩薩的階段或羅漢的果位，乃至到成佛的層次，一級一級不斷地提昇，這叫作變易。也是由於用佛法來修行、成長，提昇生命品質，因此，慈悲和智慧的功德身不斷在淨化。

3. 大涅槃的不生不死——前面兩種都是有生有死，但是到了成佛的果位，也就是大涅槃境界時，便已超越肉身，實證法身，達到絕對的不生也

不死，並且能以種種身分，普遍地出現在所有眾生的生死苦海之中，雖然還有生死的現象，但是已經沒有生死的執著、煩惱與不安了。

如何面對死亡？如何使得死亡有尊嚴？

（一）死亡的三種層次

以禪修者的立場來看，死亡可以分三個層次或三種態度：

1. 隨業生死——生和死，自己作不了主，迷迷糊糊由他生，由他死；生死茫然，醉生夢死。

2. 自主生死——清楚地知道生與死，活要好好地活，死要勇敢地死；活得快樂，死得乾脆。

3. 超越生死——雖然有生有死，但是對於已經解脫、超越生死、大悟徹底的人來講，生不以貪為生，死不以怕為死；生與死不僅僅相同，甚至根本沒有這樣的事。

（二）以感恩、歡喜心面對

能生則必須求生，非死不可則當歡喜地接受；感恩生存，也當感謝死亡。努力求生，生存時能使自己提昇生命的品質，淨化自己的心靈。但不可求死，也不用怕死，對死亡要存有感謝的心，因為死亡能使自己放下此生千萬種的責任，帶著一生的功德，迎向一個充滿著希望和光明的生命旅程。

（三）對未來充滿希望

生死的現象，猶如日出與日沒。日沒時，只是太陽在地平線上消失，其本身並不會消失；日出時，只是太陽在地平線上升起，其本身一直高懸於太虛空中。

人的肉體雖然有生與死的現象，然而，人人本具之清淨佛性，永遠如日在中天。因此，死亡不是可怕、可悲的，不必畏懼它；對我們的未來，應該充滿著希望。

當以喜悅的心，勇敢地面對死亡、接受死亡。對於自己一生的行為，不論是善、是惡，都要感謝，因為那是歷練的經驗，應當無怨、無悔、無瞋、無傲。過去的已成過去，迎向光明的未來，此時最為重要。

（四）修行而隨願、隨念往生

往生時的心態，有六種因素，可以決定死亡後未來的前途：

1. 隨業——善業、惡業，哪一種較重，就到哪個地方去。
2. 隨重——受完重業的果報，依次再受輕業的果報。
3. 隨習——未作大善、大惡，但有特殊強烈的習氣，命終時，便隨習氣的趣向而投生他處。
4. 隨緣——哪一種因緣先成熟，就到哪裡去。
5. 隨念——由臨命終時的心念傾向，決定去處。
6. 隨願——臨命終者的心願是什麼，就決定死亡後到哪裡去。

佛教徒是要修行到隨念、隨願，如果變成了隨業、隨重、隨習、隨緣，那是非常可憐的。

（五）為臨命終者助念

臨命終的人，如果已陷入昏迷，失去自主自知的能力，親友應當以虔誠安定的心，為他誦經、持咒、念佛菩薩聖號，或者在他旁邊禪修，以定力和信力，幫助他的神識免於茫然，免於昏亂，而能得到安定，迎向光明，這樣才不會使亡者下墮，而能超生。

（六）在平安、寧靜中往生

死亡的尊嚴，原則是不能違背平安與寧靜，不是讓臨終的人痛苦地走，不論是在肉體上或精神上的痛苦，都對死亡的人有害無益；平安的死亡，即是死亡的尊嚴，切忌慌亂地用器械搶救，不可呼天搶地地哭喊。重要的是，讓他平安、寧靜、祥和、溫馨地離開人間。

（選自《平安的人間》）

生與死

先念一段曹山本寂禪師的《語錄》：「一次，有僧問曹山：『我通身都是病，請您老人家替我醫病。』曹山禪師回答說：『我不醫。』僧又問：『為什麼您不替我醫？』曹山禪師說：『我要教你求生不得，求死不得！』」

若由普通人聽起來，好像禪師好殘忍！但是對於修行「禪」的人來講，意義非常重大。現在我把「生和死」這個問題，分成四個層次：

一、不知死活？

第一個層次是「不知死活」。這指的是哪些人呢？就是愚昧的、醉生夢死的眾生，連「死活」是什麼？他們都不知道！而各類眾生當中，靈性的高低是有差別的，如靈性較高的動物，我們對牠好，牠知道感謝；對牠不好，牠也會記恨在心。我們看到豐子愷所畫的《護生畫集》裡頭，有一位屠夫拿刀要殺牛，那頭牛跪下來流眼淚——表示牠曉得「牠要死了」。但不一定所有的牛都知道要被殺，只有那些比較有善根的牛才會知道。

豬也是一樣，絕大多數的豬，在沒有上屠宰台以前，可能還不知道：「什麼叫死亡？」可是，我有一次看到一個鄉下人賣豬，豬販子進了豬圈裡，不管怎麼打，豬就是不肯出來，因為牠曉得自己就要死了，結果，豬販子一手抓牠尾巴，一手揪牠耳朵，這麼一提，就提上車子，載走了。

另外，我也聽到從馬祖的離島北竿那兒回來的充員軍人講：他們從馬祖本島買了一頭豬，運到小島上去預備給軍人過節加菜。一下船，豬硬是不肯走！士兵將牠往前拉，牠的屁股就往海邊退，似乎牠已曉得：「往前多走一步，便更接近了死亡一步。」但士兵比較聰明，腦筋一轉，反過頭來將豬往海裡拉，那豬依舊往後退。因此，就這樣一邊拉，一邊退，最後便退到軍營的伙夫房裡去了。畜生還是可憐哪！只曉得逃命；愈逃，反而離死亡愈近！

還有一個故事，這是我童年時親眼看到的：過年時，鄰家的人要殺羊加菜，殊不知道母羊肚裡懷了小羊；而那頭母羊在兩天前就知道了，便不肯吃草，且日夜地叫，叫得很悽慘！主人還說：「這隻羊八成遇到鬼了，好端端地叫什麼？」等到剖開母羊肚子時，赫然發現裡面有了三隻小羊！後悔已經來不及了。他們想：「羊也有靈性啊！牠肚子裡有小羊，且知道我們要殺掉牠！」這是屬於有靈性的動物。除此外，還有二種很有靈性的動物便是狗和象，往往在要死以前，牠們會知道的；特別是象，將要死時一定會走到隱密處去。

眾生之中，有很多低等動物是不知死活的，但是稍微高等的動物就已經知道死活了，因此，我們在淨土宗的《往生傳》裡頭，看到狗、鳥、雞、鴨、猴子等等，這些比較有靈性的動物也會往生淨土，但並不是說所有的動物都知道「生死」。

人類當中，有沒有不知死活的呢？有，不過不是終生不知，而是有時不知。比如臺灣的治安機構，最近雷厲風行地實施「一清專案」的掃蕩運動，各幫派的黑社會組織頭目紛紛被捕。我們看看那些人，在舞刀弄槍、逞兇鬥狠、殺人越貨之時，他們不會知道被他們殺害及殺傷的人，是多麼地痛苦，是多麼地悽慘！他們殺人就跟踩死螞蟻一樣，也不在乎一旦被治安機關逮捕後，會有什麼結果？這種心態下的人，沒有「生與死」的界限，一旦被捕定讞，臨刑命終之前，同樣畏懼死亡，只是後悔莫及了。

另有一些人，不知生的可貴與死的可悲，稍想不開，就要尋短見，並揚言：「我死給你看！」好像把死這樁事當作兒戲！殊不知致人於死和自殺同樣地不知死活是什麼。譬如做兒女的要結婚，父母不答應，就死給父母看；男孩追女孩，追不上，就要死給女孩看；女孩被男子遺棄，或者遇人不淑時，就去尋短見等。他們不知道生命得來不易；留著生命，尚有其他的機會；失去了此一生命，並不等於就有另一個更好的機會等著你。所以佛說：「殺他、殺己都是犯了殺人罪。」這種人，佛陀稱之為可憐憫者。這種人多了的話，對於家庭是沉重的負擔。如果人人把死亡當兒戲，那麼天下會大亂！

現在社會中，動不動就有人拿出槍來，使得大家生活在一種動盪、不安、時時恐怖、處處危險的環境裡。只要有一個人殺人，便為他自己造成遺憾，為他人帶來災難，為社會製造了動亂；只要有一個人被殺或自殺，不僅毀滅了他個人的寶貴生命，也為他的家人、親友帶來厄運和麻煩。有的人在自殺之前，乾脆也把家裡的妻小殺光，認為這樣一來，便不會連累他們了！這是何等地愚蠢！他們不知道生存和死亡是絕對不同的——不論從習俗、法律、佛法的觀點而言，人都沒有權利剝奪他人及自己的生存權利。

從生理而言，有生有死是自然現象；從佛理而言，死亡是一期果報的結束，也是另一期果報的開始，是無可避免的現象。

但是，殺人與自殺都是罪行、暴行！用暴力達成的任何目的，皆違背了自然的因果律，必將付出更多的代價。我們看到，一個人的被殺或自殺，可能導致好幾個家庭的悲劇；而且影響到其他人跟著模仿、學習！凡是有一件離奇的案子發生後，往往就會接連地發生同類的案子。

二、貪生怕死

第二個層次是「貪生怕死」。「貪生怕死」是好現象！人如貪生就會愛護自己的生命；因為怕死，所以會悉心照顧自己的健康。人類為了謀取生存，在克服種種困難的過程中，發揮了智慧和人性的光輝。由於互助而促成了社會的進步，由於彼此的溝通，產生了語言文字與文明，使得人類的生活更富裕、更安全。所以，「貪生怕死」乃是為人帶來文明和文化的動力。

可是，司馬遷〈報任安書〉有云：「人固有一死，或重於泰山，或輕於鴻毛。」為了許多人的安全而自己去冒險犯難，乃至犧牲生命，稱為「成仁取義」；這也正是從貪生怕死的基礎上，顯露出人性的昇華。行菩薩道的人，便是常以自己的生命換取眾生的安樂；唯有肯定了生命的可貴，始可見出捨身以救人的行為的崇高偉大。

一九七五年初夏，我在美國聽到當時我國駐紐約的公使——夏功權先生講的一個故事：他表明是一個佛教徒，並是獨生子。當抗戰初期，在蔣委員長「十萬青年十萬軍」的號召下，那時他才高中剛畢業，就參加騎兵部隊——騎兵負責斥候、探聽消息，在所有的部隊裡頭是最危險的兵種。他受完訓練，正在等待分發；他要報國，但又想到他的寡母：「假若我死了，母親怎麼辦？」他感到內心的矛盾！這時，他每天都騎著一匹馬到雲南山中的一間寺院去參拜。有一天，住持老和尚問他：「你這位青年軍官，每天來做什麼？」他說：「我很喜歡這裡的風景！」老和尚說：「不是！我看你有心事！」他說：「你怎麼知道？」他就將心事說了出來，並且請教怎麼辦？

老和尚說：「軍人應該是不怕死的，對不對？」

他回答說：「不一定！不過，死有重於泰山，死有輕於鴻毛。」

老和尚說：「比喻雖好，可惜還有問題！何不體驗，生死一步跨過。」

夏功權先生很有善根，他聽了這句話以後，心裡頭突然一亮：生死，只有一條線，只消一步就跨過罷了。從這一邊跨到那一邊，只是一步之隔而已；並不像孔子所說的：「未知生，焉知死？」那樣地蒼茫。從生至死，只是多走了一步；既然端正地走出下一步，當然還有另一步；生與死乃是無窮生命過程中的連接。因此，在往後的日子中，他不想到怕死，結果他一直活得很有精神。

但是，不貪生怕死，並不等於沒有生死。「生死一步跨過」當有雙重意義：第一重是從此一生死到另一生死；第二重則是一步跨越生死而到達不生不死。因此，我們必須進一步講「了生脫死」。

三、了生脫死

第三個層次是「了生脫死」。首先必須明白，依佛說，每一眾生都已經過無量生死，可惜，業力雖如影隨形地跟著我們，我們卻對過去無從記憶。若不出生死，不論何人，除了隨業流轉生死，別無自主的能力。生不知從何處來，死不知往何處去？現世為人，來世不知為何物？除非能截斷生死之流，否則業力溯自無始，緣熟即報現，誰知道下一世再以什麼面孔見人？

成仁取義、慷慨赴死，雖有功德，可以生天，或成為神，然其報盡，仍入茫茫的生死大海中。或者，有好多人不懂佛法，也不知道因緣生的萬法，都是生滅無常的。所以為了生存得更久，或者企圖不死，人間便出現了些長生不死的方法和傳說。比如在印度的古老傳說中，有所謂的「甘露」，飲後就可以不死。

古代中國的秦始皇，曾派了五百童男童女到蓬萊仙島，去尋找長生不死的藥。中國道書中有不死之藥稱為「金丹」，結果有好多人燒煉鉛汞，服後中毒死亡。道書中的方術，無非是些醫藥衛生及調氣、按摩以健身的方法；長生久視則是神話而非事實。佛法的了生脫死，不是叫長生不死，而是生與死跟我不相干。

我們只要有身體在，就沒有辦法離開生死，心執著這個身體，妄認這個身體為我，叫作生死法，同時，心緣自心也是生死法。只要有心的執著和攀緣，便不能脫離生死。

緣外境固然是生死因，心緣內境也是生死因；迷於物欲是生死因，執著悟境也是生死因。所以，凡夫畏懼生死，宜求解脫生死而趣涅槃；但畏懼三界苦惱煎迫，而求出三界、生淨土，雖然是修學佛法的初階，唯其尚有所取捨，並不是究竟。所以臨濟慧照禪師要說：「設有修得者，皆是生死業。」也就是說：到了如《心經》所說：「無智亦無得。」「以無所得故，菩提薩埵，……得阿耨多羅三藐三菩提。」因此，厭離生死而修行證果，便出離生死；出離分段生死，便出三界，證小乘果；出離變易生死，便證佛果大涅槃。

四、生死自在

第四個層次是「生死自在」。一般人對於生前與死後的認知，不是如唯物論者說，人死如燈滅，生是開始，死是結束。便是如靈魂不變說者，以為：人生是由靈魂投胎，人死是因靈魂離開了肉體；投生如蝸牛入殼，死亡如放下負荷。前者，佛法稱為「斷滅論」，後者佛法稱為「常見論」，均是邪見，同樣地不是事實。否則，斷滅論者，固然一死百了，不必再對其生前的行為負責；常見論者，也會視死亡為現實苦難的一時解脫。所以有人說：「死後的靈體，無重量、無阻礙；死不可怕，倒是活著比較麻煩！」因此導致一般人以死亡為解脫的錯誤認識。

實際上，「生」是由過去無始以來所造業力的果報；若非大惡大善，人的壽命及福緣，在其出生之時，大致已經決定。生存期間，是受先世業力的牽引；死亡以後，若業力尚在左右生死，則緊接著又將接受另一期的生死。如此流轉，佛法稱為「六道輪迴」。既有六道，就不一定再來投胎為人；同在人中，也不能與先世的親友相識、相認。所以，死亡絕對不是解脫，倒是另一個業報之身的開始。

縱然有些人在生時積功累德，死後成為有福的鬼神，暫時不受苦迫；福盡壽終，仍舊未脫生死。深一層言，小乘聖者出三界而住涅槃，雖已不再生死，仍執生死為實有；不入生死，並不即是得大解脫。唯有不受業力牽引而入生死，也不以生死為實有而不入生死，才是大涅槃、大解脫的「生死自在」。

佛菩薩之化世、度眾而出現於世間者，有以暫時現身的「變化身」，有以入胎出胎的「托化身」，而且是隨類托化，無方不現。他們的托化身，照樣現有生死相，不過不以生死為苦，也不以生死為樂；所以有許多大德、高僧及大修行者，能夠不畏生死而自主生死，自由來往於生死之間。

例如難捨能捨，捨身救生；如預知捨壽死亡的時間，死亡時天樂鳴空、異香滿室；有的應死而能留壽不死，死時仍能夠健康如常地或說法、或撰偈、或顯神異；有的則能坐亡、立化，捨壽於談笑不經意間；有的則能死後復活而再死。他們收放自如，要活就活，說死便死，了無生死的牽掛可見，這才是「生死自在」的境地。因為在他們的心中，已沒有生死的痕跡，正所謂「求生不得，求死不得」。生無生相，死無死相。

我們可從佛教史傳：如《高僧傳》、《神僧傳》、《傳燈錄》、《居士傳》、《淨土往生傳》等諸書之中，散見到許多類似的記載。

（選自《拈花微笑》）

死後的世界

大家都貪生怕死，原因很複雜，簡單來說，人們總是貪戀身體、眷屬、財富以及名位。其次，對於死後的世界全然陌生，就像是出遠門，要到一個遙遠而從來沒有去過的地方，也未見到有人來迎接，也沒有親自收到相關的資訊，因此便對死亡心生恐懼。還有，對於死後世界那個屬於靈或精神的自我，是否存在，也無法確知。在這多重的未知與恐懼下，許多人便不願面對死亡。

曾經有一位居士的母親在彌留之際，有許多人前去幫忙誦經念佛，沒多久她往生了，兩、三個鐘頭後，在場的很多助念蓮友，包括這位居士，都聽到她母親參與念佛的聲音。幾天後，她弟弟甚至夢到母親現身摸著他的頭說：「我現在很好，你不用掛念。」有類似經驗的人，對人死後仍有精神存在的信心就會很強烈，對死亡也不再恐懼。但是大多數人並沒有類似的經驗。

依照佛教的說法，往生的情況有兩種：一種是跟隨業力往生，一種是跟隨願力往生。跟隨業力往生，是隨著這一生所造的業力，加上累生累劫所造的業力去投胎，其中以這一生的業力最明顯，過去生的業力仍然存在，只是力量較弱。另外有一種情況是跟隨願力往生，這又分為兩類：一是發願再回到人間來修行，以人身來度化眾生；在人間有修行慈悲的機會、有持戒的機會、有修定的機會，人間的環境比較容易修福修慧，所以很多修行有成的菩薩都發願再來人間廣度眾生。

但末法時期的眾生，善根不夠，很多人沒有把握下輩子能不能再生到人間，害怕墮落到三惡道中，也擔心即使再到人間會忘了曾發過的菩提心願，而不能繼續親近佛法；所以釋迦牟尼佛開了另一個方便法門，就是鼓勵大家發願往生西方極樂世界，這就是第二類的隨願力往生佛國淨土。

極樂世界是阿彌陀佛的願力所成，在彌陀經典裡提到，只要有人在臨命終時，願生西方極樂世界，不論你在世時修行如何，都能往生極樂淨土；到了那裡蓮花化生，見佛聞法，繼續修學，等到修行有成，位階聖品之後，不再迷失退墮，才重返娑婆世界，廣度眾生，直到悲智圓滿，完成無上的佛果。不過極樂世界仍是個過渡的進修園地，在那裡修行成功後，還要化現種種身相，利益救度一切眾生。

人間有水災、火災、風災、地震、刀兵、疫癘等災難，極樂世界不會有這些災難，那是一個沒有生老病死苦、沒有天災人禍的淨土。那裡的佛，稱為「無量壽佛」，不但佛的壽命無量，眾生的壽命也是無量，因為眾生都是蓮花化生，所以不會生病，也不會衰老、死亡，同時在修行的路上也不會退步，可說是成佛的保證班。

除了西方彌陀淨土，尚有許多不同的淨土，例如兜率內院的彌勒淨土，只要發願往生，死後便即往生，得以親近彌勒菩薩，待彌勒菩薩下降人間成佛之時，便隨同來到人間，同在人間建設佛國淨土。

（選自《人間世》）

給自己一個希望

究竟有沒有極樂世界？我還沒有去過西方極樂世界，沒辦法告訴大家，只能從信仰的角度接受它。而且有許多人念佛得到一些感應，相信有西方極樂世界。這些感應可以不相信它，也可以從宗教的角度接受它，相信它、接受它可能對我們的未來及死亡之後的前途，比較有希望。

心中有信仰，臨終更平安

人活著時有希望，而臨命終或死亡之後，一旦沒有希望將心存恐懼，不知道該怎麼辦？那是無奈，也是不安。如果最後還有一個地方可以去，那麼現在的生命只是生命過程中一個轉捩點，透過它再通往另一個更好的境界、更好的國度。對於存在世上的人還有一個希望，對於即將臨終的人，也是很好的安慰，不會死得很痛苦不安。

人的生命活力本身就是光。當生命要離開看到光時，如果心存恐懼，這個光馬上會消失；如果他沒有信仰，但是很平靜，自然會隨著光而去或安住在光裡，無論到哪裡，一定不會比現在更壞。如果他有宗教信仰，希望求升天國或西方極樂世界，就會各自顯現不同的未來境界。這些都是我們唯心所現、唯心所造——你心中相信有這個地方，就會有這麼一個地方，不相信的人還去不了。

這並不是西方哲學家所說的「我思故我在」，它不是想像的力量，而是一種希望的力量。當我們希望有這麼一個環境，那個環境就會出現，這是精神的力量。個人和許多人共同的精神力量，就能形成一個讓你可以去的地方。「光」對於活著或瀕臨死亡的人，都是應該具備的常識。當我們瀕臨死亡，如果有這種好現象，要跳脫意識的思考——不要恐懼、不要害怕，隨著光去吧！

助念對即將往生者有兩種作用：第一讓他產生信心；第二讓他感覺不那麼孤單、孤獨。因為有許多人來幫他念佛，還有那麼多人相信有阿彌陀佛，對他的信心是一種鼓勵，對他的希望是一種建立。另外，他的孤獨感會煙消雲散。

臨終的人往往不知道何去何從，對這個世間留戀不捨，又非走不可。總覺得孤獨地來，又孤獨地走，好像很淒涼。助念時，可以先為他開示佛法：「你來的時候，不僅僅是一個人，我們有這麼多人在等著你；現在你要走，我們大家歡送你。同時你到另外一個世界，也有許多人迎接你，連佛菩薩都來迎接。你不是一個孤獨的人，現在你暫時離開這裡，很快就到另外一個環境，那個地方比這裡更好，你應該懷抱一個很好的希望。」這樣，他的孤獨、寂寞和悲傷的心情會消散，使他能在平安中走完最後一程。

人生觀與宗教信心的建立

如果有宗教信仰比較簡單，如果沒有，要建立一個人生觀。我看到一些具有學問、人格修養完美的人，例如胡適先生，他不會對死亡感到恐懼。他知道人生已經結束，無論有沒有未來，都對死亡沒有恐懼感，也沒有痛苦不捨，因為人生的任務已完成所以離開，這就是人生觀的建立。

如果沒有建立人生觀，就需要宗教信仰：相信這一生尚未完成的心願，來生還會完成；這一生不能解決的問題，到來生再去解決；或是這一生已經非走不可，未來還有希望存在。無論是佛國淨土或者天堂，都希望有上帝或佛菩薩來接引。這種信仰，對於病患或臨終的人非常有用。

我也鼓勵大家，隨時隨地準備面對死亡的來臨。我們每一個人隨時都可能面臨死亡，最好先有人生觀的建立或者宗教信仰的信心，就可以避免死亡的恐懼或悲哀。

（摘自《不一樣的生死觀點》）

如何建立正確的人生觀？

做為一個佛教徒、三寶弟子，必須要有正確的人生觀。所謂人生觀，就是在探究我們來到世界的原因。就佛教而言，它有兩個原因：第一、我們是來受報的；第二、我們是來還願的——不是還債，還債的心裡是痛苦的。

接受果報，是因為我們相信，在這生之前，我們已經有過很多很多過去生；無量生死以來，對人對己，造了種種的善業、惡業，然後這一生才來受報。但有人會懷疑：為什麼在現實人生中，常有好人受惡報、壞人受善報的情形呢？其實，我們常常不曉得自己做了什麼、說了什麼、動了什麼念頭；有時則是沒有察覺、忘了，或是刻意不去想它；而我們對這一生都不清楚了，更何況是對過去生呢？

報有兩種：一種是福報，一種是苦報。人人都希望金玉滿堂，鴻福齊天，但就是沒有想到，自己真有這麼大的福報嗎？福報就是我們過去做的種種善事、好事，對人、對眾生有意義的事，而現在一點一點地回收。苦報和福報是相對的——有苦、有樂，樂就是福報，苦則是因過去所做不善的事而得的罪報，像是我們所遇到的種種折磨、衝擊、阻礙和不順利。

人遇到苦難或問題時，通常會認為是別人的錯，而讓你痛苦，或是環境讓你痛苦，但這是真的嗎？我們應該先反省、檢討一下，是不是因為最近自己的身體不好、心情很苦悶，因此見到什麼事、遇到什麼人，都覺得心裡很厭煩。如果反省檢討後，覺得不是自己的問題，則要以還願的心態來接受它，當以還願心態面對，心中就不覺得苦，也就不是苦報了。

我想大家都曾有過這樣的經驗：家人在外面受了氣，回家後將氣出在你身上，結果你可能又把氣再出在別人身上。其實遷怒並不能消氣，只是把自己的問題變成他人的問題，然後一個遷怒一個。所以，當我們被遷怒而受到衝擊的時候，要先想到自己是來受報的，然後再想既然自己已受了報，還能夠讓別人消消氣，真是一舉兩得。能夠這樣，你就是個有菩薩心腸的人。

我們到人間是來受報的，這個觀念一定要建立起來。因為是來受報，所以碰到問題，就不必生氣、不必痛苦，反正也已經沒有其他的道路走；但受報不是接受了就算了，我們還要想辦法解決對方的問題。如果自己心裡難過，就用佛法來化解自己的煩惱；如果對方有問題，就用智慧來幫助他處理，而不是以牙還牙、以眼還眼。如果能這樣面對事實，我們就是菩薩行者；否則，不僅自己痛苦，還影響對方也跟著痛苦；煩惱自己也煩惱別人，這是損人不利己的！

再者，我們的生命是來還願的。從小到大，有沒有發過什麼願呢？所謂發願，也就是希望做什麼。譬如：我將來長大以後，一定要對媽媽好；現在這個社會很亂，假如我有力量的話，就要貢獻社會，使社會安定；這些人真可憐，假如我有能力的話，我願意幫助他們。像是這類的願心，我想大家應該都發過，在我們的一生中都曾發過很多願，我相信大家在過去生都是菩薩，曾經一生一生地發過菩提心，希望能幫助人。現在皈依三寶的人，都要發〈四弘誓願〉：「眾生無邊誓願度，煩惱無盡誓願斷，法門無量誓願學，佛道無上誓願成。」因為所有的菩薩要成佛，都需要發這個願，所以我們叫它通願。

至於如何兌現？就是要奉獻自己、成就大眾。奉獻自己、成就大眾是沒有條件的，不是為了求回饋的，而是因為你發的願。發願不是為自己，發願是希望別人好，希望自己能努力付出，讓其他人得到利益、好處與恩惠。如果我們過去從來沒有發過願，現在發願也不遲；如果不肯發願，我們的人品將沒辦法提昇，堅固的自私心，就好像一根尖硬的刺，不時傷害著跟你接觸的人，這樣不僅傷害了自己，也傷害了他人。所以，要把心量放開，必須要發願，發願奉獻自己、成就他人。

受報是責任，還願是義務。義務是在我們本分的責任之外，奉獻自己、利益眾生，這是還願。受苦受難是受報，救苦救難則是還願。能夠在受苦受難中，還能夠救苦救難，那就是菩薩。

我們都是帶著不完美的身心在人間活動，而以不完美的身心來看這個世界，這個世界絕對是不完美的。雖然如此，我們可以受報的心態接受我們的現實人生，以還願的心態、觀念改善我們的生命，這就是正確的佛教人生觀。

（選自《帶著禪心去上班》）

每一個人都有用

生命存在於所有的群己關係中

這幾年，我們也在提倡「關懷生命——防治自殺」的活動，我透過宣傳短片在電視上呼籲：「多想兩分鐘，你可以不必自殺，還有許多的活路可走！」「只要還有一口呼吸在，就有無限的希望，就是最大的財富！」

這是因為近幾年來，社會上瀰漫著一股自殺的風氣，在亞洲地區，臺灣是繼韓國、日本之後，自殺人口比例最多的國家，而以全世界來說，亞洲地區的自殺人口又高於歐美國家。

什麼是「自殺」？凡是有自殺的意念，不管是自殺身亡，或者還沒有構成死亡的事實，都算是自殺。從一個宗教師的立場來看，世界上沒有人有權利自殺，沒有人有資格結束自己的生命，因此，殺人與自殺都是殺人罪。凡是有自殺的「念頭」，也就是我之前所說的「心」，已經認知到有「我」這個生命存在，卻想要放棄、結束生命，這樣的人都應該要自我悔過，好好反省、檢討自己的生命。

我們個人的生命並不只屬於自己，而是同時存在於父母、家庭、學校，以及社會等所有的群己關係之間，如果傷害了、放棄了自己的生命，就是一種罪過。每個人都要對自己的生命負責，從出生開始，直到自然死亡為止，我們都必須好好珍惜，因為生命是屬於整個社會、整個世界，甚至是整個宇宙的。

站在法律的立場上，對於已經自殺身亡的人，要去追究其責是不可能的，可是以倫理而言，甚至對於家庭、學校、團體，以及整個國家社會來說，這都是不負責任的行為。自殺和殺人是完全相同的罪惡，雖然自殺以後，在法律上不用負責任，但是在道德倫理上罪過很重大。請問，生命是有價值的嗎？生命可以價錢來計算嗎？一般人都會說：「生命可貴，生命無價！」雖然軍人為國家犧牲是無價的，但是自殺卻是一種罪過，因為自殺的人對不起父母的養育之恩，也對不起國家社會的栽培，而且自殺之後，許多與亡者相關的人，都需要共同被輔導和幫助，這真是一種對不起眾人的舉動。

人的價值須從倫理來衡量

有人認為，從年輕到中年這段時期，能夠為社會奉獻，可是年紀老了，沒有用了，活著大概就沒什麼價值了。但是人老了就沒有價值嗎？像台塑集團創辦人王永慶先生活到九十二歲，直到生命的最後一天，還是非常地有貢獻。人只要活著一天，就有一天的價值，這是無法用數據來衡量的。比如我今年（二〇〇八）八十歲了，如果我不善用這個生命，社會也不需要它，那就沒有價值；但是我善用它，我們的社會、世界還需要它，那就有了價值，生命的價值在於它的功能，無法發揮功能，便沒有價值；只要產生了功能，生命就是有價值的。

有人會去區分：「有的人有大用，有的人有小用，有的人沒有用。」事實上，每一個人都有用。我們活在這個世界上雖然渺小，甚至有的時候好像只是在消費社會的資源，生產的功能很小，即使如此，每個人還是有用、有價值，仍然有無限的潛能。生命隨時都可能產生價值，只是現在可能還看不到。人的價值是潛在的，是不能用金錢去衡量的，而要從倫理方面來衡量。

有人好奇：「和尚有什麼用處？」我說：「當你看到、發現的時候，就是有用；當你沒有看到、沒有發現的時候，就是沒有用。」這聽起來好像是很弔詭的一樁事，怎麼會發現就有用，沒發現就沒有用呢？在中國禪宗的歷史上，有許多禪師平常看到人的時候並不講話，人們看他在山裡面好像也沒做什麼事，可是他們真的沒有用嗎？有用！因為他是山上的負責人。有人問他：「山上的負責人是誰？」他說：「就是我。」凡是他的職務所在，就是他的功能。

昨天我在醫院遇到一位老先生，他說自己年老沒有用了，活著一天只是消耗一天的資源，還不如早點自殺，好讓子女減輕負擔，也讓社會少一些負擔。我說：「你錯了！你活著一天，消耗一天，就是一種功能。因為兒孫要靠你來盡孝，否則就沒有人可以孝養了。」生命的價值，並不是指今天能做多少工、能賺多少錢、能幫多少人的忙，否則就是一種現實觀、物質觀的看法。事實上，活著就是一種功能，就是生命的價值。

（**摘自《我願無窮——美好的晚年開示集》**）

感恩手札

人間淨土 37

幸福告別 — 聖嚴法師談生死關懷

A Good Farewell: Master Sheng Yen on Life and Death

著者	聖嚴法師
選編	法鼓文化編輯部
出版	法鼓文化
總監	釋果賢
總編輯	陳重光
編輯	李金瑛
封面設計	化外設計
內頁美編	小工
地址	臺北市北投區公館路186號5樓
電話	(02)2893-4646
傳真	(02)2896-0731
網址	http://www.ddc.com.tw
E-mail	market@ddc.com.tw
讀者服務專線	(02)2896-1600
初版一刷	2018年7月
建議售價	新臺幣220元
郵撥帳號	50013371
戶名	財團法人法鼓山文教基金會—法鼓文化
北美經銷處	紐約東初禪寺 Chan Meditation Center (New York, USA) Tel: (718)592-6593 Fax: (718)592-0717

法鼓文化

國家圖書館出版品預行編目資料

幸福告別：聖嚴法師談生死關懷 / 聖嚴法師著；
法鼓文化編輯部選編. -- 初版. -- 臺北市：法鼓文化, 2018. 07
面； 公分
ISBN 978-957-598-786-2（平裝）

1.生死觀 2.人生觀 3.佛教教化法

220.113　　107009022